트 렌 드
로   드

트렌드 로드
뉴욕 임파서블

초판 1쇄 인쇄 2019년 12월 30일
초판 1쇄 발행 2020년 1월 10일

지은이   김난도 · tvN Shift 제작부
펴낸이   백영희

편집   허지혜
마케팅   허성권
디자인   지노디자인 이승욱
제작   미래상상

펴낸곳   (주)그린하우스
등록   2019년 1월 1일(110111-6989086)
주소   강남구 강남대로62길 3, 8층
전화   02-6969-8929
팩스   02-508-8470

©   김난도, tvN

ISBN   979-11-90419-13-0 03320

트렌드 로드

뉴욕 임파서블

김난도

GREEN
HOUSE

#트렌드 로드

어떻게 트렌드를 읽는가?

어떻게 새로운 트렌드를 만들어내는가?

어떻게 사람들이 트렌드를 따르게 할 것인가?

자주 받는 질문이다. 변화하는 트렌드를 잘 읽어내서 그에 부응하는 상품과 서비스를 만들고, 소비자들이 그것을 다시 새로운 트렌드로 받아들여 따르게 할 수만 있다면! 우리 모두의 소망이다.
이런 역량을 가졌을 때 "트렌드를 리드한다"고 할 수 있을 것이다.
다시 한번 묻자.

어떻게 하면 트렌드를 리드할 수 있을까?

트렌드 연구를 시작한 지 16년이 지났지만 아직도 "이것을 보면 된다"
혹은 "이렇게 하면 된다"는 왕도는 찾지 못했다.
어쩌면 지름길이 없는 것이 당연한 일인지도 모른다.
트렌드라는 것이 "다수의 사람이 동조하는 가치와 행동의 변화"를
의미한다고 볼 때, 이 '다수의 면면'을 모두 살펴야 하는 데다 그 변화의
전제조건인 경제·인구·기술·정책 등이 계속 바뀌기 때문이다.
'트렌드 리더'가 되기 위해선 세상 모든 변화를 쉬지 않고 꼼꼼하고
날카롭게 관찰해야 한다.

세상 모든 변화를 관찰해야 한다고는 했지만, 이것은 사실상
불가능한 일이다. 더 주의 깊게 관찰해야 할 대상을 정하는 일이
필요하다. 어느 지역, 어떤 집단이 좋을까? 트렌드 변화의 시작점이 되는
지역, 트렌드의 변화를 제일 먼저 받아들이는 집단, 그래서 그 안에서
한번 불 붙으면 그 움직임이 다른 곳으로 빠르게 전파돼 나가는 지역과
사람들을 관찰하는 것이 좋을 것이다. 다시 한번 묻자.
그런 곳은 어디일까?

사람들의 국제적인 이동이 활발해지고 SNS가 전세계적으로
확산되면서 트렌드의 글로벌한 동조가 더욱 강조되고 있다.
라스베이거스에서 전시된 새로운 기술, 밀라노 무대에 오른 새로운
패션이 실시간으로 서울에 전달되는 시대다.
그래서인지 한국 시장을 풍미하는 새로운 트렌드들의 기원을 찾아

올라가보면, 단순히 우리나라만의 문제가 아님을 알 수 있다.

『트렌드 코리아』 시리즈를 집필하고 있는 '서울대학교 소비트렌드 분석센터'에서 미국·중국·일본·프랑스·이탈리아 등 외국의 트렌드를 주시하고 자료를 모으는 것 역시 이런 맥락에서다. 트렌드 리더가 되려면 전세계 트렌드에 대한 이해가 필수적인 시대가 된 것이다.

그래서 우리는 떠난다. 홈쇼핑에 넘쳐나는 관광상품 광고에서 보듯, 휴가 때 가볍게 떠나는 관광부터 외국 회사와의 중요한 계약을 위해 떠나는 비즈니스 여행까지 우리는 어디론가 떠나고 있다.

최근 TV에서 "여행이 영어로 뭐지?" 하는 광고를 봤다. 그 답은 'trip'만이 아니다. 'trip'은 단기간 이뤄지는 단순한 방문을 의미한다. 중립적인 단어다. 패키지 상품을 구매해서 떠나는 여행은 보통 'tour', 즉 관광이라고 하고, 비교적 긴 시간을 두고 통찰을 얻기 위해 떠나는 여행은 'travel'이라고 한다.

트렌드가 시작되는 발원지發源地를 찾아 올라가 새로운 트렌드의 조짐을 읽고 그것을 나의 인생과 비즈니스에 적용시킬 수 있는 통찰을 얻기 위해서는 어떤 여행을 해야 할까? 단순히 떠나는 데 목적이 있는 'trip'이나 구경을 위한 'tour'보다는, 사색이 있는 'travel'이 필요하다.

어린아이부터 어르신까지 "이번엔 어느 나라로 갈까?" 고민하는 사람을 찾는 게 어렵지 않을 만큼 해외여행이 대중화되면서 여행을 주제로 한 책과 TV 프로그램이 봇물처럼 쏟아지고 있다. 물론 이 중에도 좋은 것이 많지만 대부분 관광tour을 위한 것이다.

감상 대신 사색이, 사진 대신 통찰이 있는 여행travel을 이야기하는
콘텐츠를 만들 수는 없을까?

　이 책이 독자들에게 그런 참된 여행의 나침반이 됐으면 좋겠다.
단지 "여기 가면 이런 멋진 곳이 있다"는 정보를 전달하는 것이 아니라,
그곳에서 발견할 수 있는 트렌드에 대한 통찰, 자신에 대한 깨달음을
얻을 수 있는 계기가 되기를 희망하며 글을 쓰고 움직였다.
그렇다. 여행은 낯선 곳에서 나를 만나는 과정이다.

　여행을 뜻하는 또 다른 단어로 'journey'가 있다.
돌아올 계획을 세우지 않은 긴 여정을 뜻한다. 키치아리는 이 시대의
진정한 거주는 머묾이 아니라 여행journey 혹은 방랑wayfaring이라고
말했다. 유목의 시대, 변화의 시대다.

　긴 시각으로 보면 인생 역시 하나의 여정이다. 부지런히 다양한 곳을
방문해 시야를 넓히는 것이야말로 이 시대를 정주定住하는 방식이다.
그래서 우리는 언제나 '길' 위에 있다.

#뉴욕 임파서블

글로벌 시대의 트렌드 리더가 되기 위해서는 길을 나서야 한다.
그렇다면 어디로 가는 것이 좋을까? 변화가 시작되는 지역, 전파력이
강한 지역, 동조가 많이 일어나는 지역은 어디일까? 아무래도
인구밀도가 높고 문화적 다양성이 높은 '대도시'가 트렌드의 시발점이
되는 경우가 많다.

떠오르는 곳은 많다. 뉴욕·런던·파리·도쿄·상하이, 그리고
서울……. 이 중에서 단 하나의 도시를 고른다면, 단연 뉴욕일 것이다.

단지 인구가 많거나 소득 수준이 높아서가 아니다. 뉴욕은 UN본부가
있는 도시이기도 한데, UN 가입국보다 많은 수의 나라와 민족 출신
사람들이 세계 각국에서 몰려와 셀 수 없을 만큼 다양한 언어를 쓰고
음식을 먹으며 이곳에 모여 살고 있다.

이러한 뉴욕의 문화적 다양성이 서로 충돌하고 자극하고 융화되면서
새로운 트렌드의 씨앗이 만들어진다. 트렌드를 탐색하기 위한
여행지라면, 뉴욕은 부동의 1순위다.

New York City, Such a beautiful disease New York City,

Such a beautiful, such a beautiful disease

뉴욕, 그렇게도 아름다운 질병,

뉴욕, 그렇게 그렇게도 아름다운 질병

　노라 존스의 「뉴욕 시티 New York City」라는 노래의 가사 중 이런 표현이 나온다. 아름다운 질병……. 그는 왜 뉴욕을 '질병'이라고 노래했을까?

　사실 뉴욕, 특히 맨해튼은 참으로 단점이 많은 도시다. 면적도 작고, 바위 지반이라 건축도 어렵고, 자연재해에 취약하고, 너무 다양한 인종과 출신 사람들이 모여 산다. 폭동이 날 만한 조건을 모두 갖췄다. 그런데도 뉴욕은 전 세계에서 가장 땅값이 비싼 도시이고, 밀레니얼 세대 Millennials가 가장 살고 싶어 하는 도시이며, 연간 6500만 명이 방문하는 트렌드의 핫스폿이다. 조지 워싱턴 다리만 건너면 갈 수 있는 쾌적한 뉴저지도 있는데, 왜 사람들은 뉴욕으로 몰려드는 걸까? 참 불가사의한 일이다.

　이 열악한 조건에서 최고의 도시를 건설해낸 것은, 영화 제목을 빌려 표현한다면 '미션 임파서블 Mission Impossible', 불가능한 일을 가능하게 만드는 과정이었을 것이다. 불가능을 가능케 하는 도시, 그곳이 바로 뉴욕이다. 그래서 많은 사람이 열다섯 시간 이상 비행기에 몸을 맡기고 뉴욕으로 날아가는 것이다.

PROLOGUE

트렌드의 수도 뉴욕에 도착했다면, 거기서 누구를 만나야 할까?
이 답도 쉽다. 거리의 밀레니얼이다. 밀레니얼, 20대 중반에서
30대 후반에 이르는 젊은이들은 새로운 트렌드의 주역이라고 할 수
있다.

간혹 강연회에서 "『트렌드 코리아』 시리즈는 왜 주로 젊은 사람만
다루는가?" 하는 어르신들의 항의 어린 질문을 받곤 한다.
사실 이것은 어느 정도 불가피한 일이다. 젊은 사람들은 변화를 빨리
받아들이고, 또한 다른 세대들이 이들의 행동을 따라 하는 경우가
많기 때문이다. 우리는 이 '구매력을 갖추기 시작한 젊은 사람들'을
밀레니얼이라고 부른다. 전부라고는 할 수 없지만, 대부분의 경우
트렌드는 이들로부터 출발하는 경우가 많다.

밀레니얼은 그 위의 40대 X세대나 50~60대 베이비부머 세대와
달리 쉽게 이해하기 어려운 측면이 많다. 일과 삶의 균형인
'워라밸Work-life balance'을 추구하고, 끈끈한 인간관계를 어려워하며,
그러면서도 공정을 추구한다. 이들을 두고 "이 친구들은 왜 그렇게
유별나지?" 하고 묻는 순간, 답은 허공으로 사라진다.

이들은 유별난 것이 아니다. 디지털 혁명과 경제적 격동이라는
성장 환경이 이들로 하여금 그렇게 생각하고 행동하도록 만들었다.
주어진 조건 안에서 이들은 가장 합리적으로 행동하고 있는 것이다.
그러므로 사회경제적 배경을 이해하는 것은 이들을 이해하고 트렌드를
파악하는 첫걸음이 된다.

밀레니얼은 또한 경제 성장의 수혜를 입기는 했지만, 성장률이 정체되면서 "내일이 오늘보다 밝지 않다"는 비관주의와 "부모보다 잘살기 어렵다"는 절망을 체화한 첫 세대다. 하지만 어렸을 때부터 윗세대보다 풍요로운 소비에 눈떴기에 소비의 질적 측면을 중시한다. 단순히 많이 소비하는 것이 아니라, 어떤 윤리적·실용적·미학적 가치가 담긴 소비인가가 중요하다. 사회의 유동성이 높아지면서 가족의 구성단위가 작아지고 개인주의적 사고가 보편화된 탓에, '각자도생'의 삶을 자연스럽게 받아들인다. 어렸을 때부터 몸의 일부처럼 사용해온 스마트폰은 그 각자도생의 보완책으로 공유와 연대라는 방법을 제시한다. 밀레니얼의 특성으로 꼽히는 경험 중시, 윤리적 소비, 공유, 정치적 관심, 작은 연대 추구, 취미 몰두 등은 모두 이런 성장 배경에서 자연스럽게 만들어진 결과다.

#이 책 사용법

2019년 봄, tvN에서 흥미로운 제안을 받았다.
'tvN Shift'라는 교양 시리즈를 기획하고 있는데, 뉴욕이나 상하이

같은 전 세계 대도시를 구석구석 답사하면서 '트렌드의 씨앗'들을
채집하는 다큐멘터리를 만들어보지 않겠냐는 것이었다.

건강도 좋지 않고 일정이 많아 장기간 해외 취재에 나서기가 쉽지
않았지만, 변화의 발원지를 직접 찾아다닐 수 있다는 것은 트렌드
연구자로서 뿌리치기 쉽지 않은 유혹이었다. 결국은 여름방학의 틈새를
비집고 열흘 일정의 뉴욕 출장을 두 번이나 다녀왔다.

　뉴욕에서의 트렌드 탐험은 고되지만 재미있는 작업이었다.
특히 이번 촬영 여행은 대한민국 최고 수준의 제작진·촬영팀과
함께할 수 있었다. 편집의 결과, 멋진 프로그램이 빚어져 나올 것으로
기대된다. 하지만 방송은 영상과 이미지가 우선인 매체인 탓에,
간혹 미묘한 배경 설명이나 힘주어 강조하고 싶은 포인트를 편집해내는
경우가 종종 있다. 촬영을 계속하면서 편집된 내용들, 방송에 담지 못한
깊은 이야기를 포괄해 책으로 엮고 싶은 욕심이 점점 커졌다.
하지만 책에 방송 스크립트를 그대로 활자로 옮기는 방식은 피하기로
했다. 영상과 소리를 통해 이미 생생히 전달된 정보를 다시 책에
담는 것은 의미 없는 반복에 불과할 뿐이기 때문이다.

　책에서는 방송으로 전하지 못한 깊은 통찰을 담고자 했다.
방송은 '그림'이 중요하다. 아무리 의미가 있어도 영상이 받쳐주지
않으면 편집되기 십상이다. 내용이 좋은 화면 위주로 재배열되기 때문에
부분을 조각조각 보여주는 귀납적인 구성을 띠게 된다. 재미는 있지만
전체적인 맥락을 이해하기에는 아쉬움이 많다. 반면 책은 이런 제약에서

자유롭다. 연역적인 구성을 통해 전체적인 흐름을 보여줄 수도 있고, 화면이 받쳐주지 않더라도 트렌드 분석의 방법론을 적용해 더욱 논리적으로 설명할 수도 있다.

어떻게 트렌드를 읽을 것인가?

왜 그러한 트렌드가 형성됐는가?

그런 트렌드를 우리는 어떻게 받아들이고 어떻게 적용해야 하는가?

이 책은 이런 질문에 대해 이번 여행에서 얻은 대답들이다. 각 챕터를 N·E·W·Y·O·R·K, 7글자의 영문으로 시작하도록 두운acronym을 맞추고, 해당 키워드마다 우리가 얻을 수 있는 통찰을 담았다. 이런 인사이트를 통해 단지 트렌드에 대한 새로운 인식뿐만 아니라, 여행을 하는 새로운 방식, 그리고 삶을 살아가는 새로운 눈을 함께 얻을 수 있었으면 좋겠다.

미셸 프루스트는 "여행이란 새로운 장소를 찾아 떠나는 것이 아니라, 새로운 시각을 찾아 떠나는 일"이라고 했다. 그렇다. 이 책은 트렌드와 나를 찾아 떠난 여정journey의 기록이다. 책은 주로 뉴욕의 풍경과 그곳 밀레니얼의 삶을 다루고 있지만, 그 관찰이 고스란히 당신의 영감으로 다가가기를 희망한다.

#감사

　이 책처럼 방송과 연계되는 서적을 내는 일은 무척 까다롭다.
방송일과 출간 날짜를 맞춰야 하고, 방대한 촬영 분량을 모니터하면서
그것을 활자화하는 초벌 작업이 필요하며, 방송 내용과의 일체성을
잃지 않으면서도 도서만의 특성을 살려내야 한다. 혼자서는 절대
가능하지 않은 일이다. 그래서 감사드려야 할 분이 무척 많다.
프로그램과 출간을 기획한 이재혁 국장, 프로그램 제작에 혼신의 힘을
기울여준 이상록 CP·허양재 PD·유수진 작가를 비롯한 제작진, 촬영
여행에 동행하며 해박한 지식과 재치 있는 관찰로 영감을 보태준 조승연
작가와 가수 에릭남 씨, 방대한 자료에서 책의 초고가 될 바탕글을
만들어준 서승범 작가, 그리고 출간과 편집까지 맡아준 백영희 대표에게
특히 감사한다. 이번 여행은 나 혼자 떠나지 않았다. 위에 적은 수많은
분과 함께했기에 가능한 여정이었다. 나는 행운아다.

김난도

NEXUS OF DIVERSITIES

NEXUS OF DIVERSITIES

뉴욕은 그저 단순한 도시가 아니었다.
그곳은 영원한 낭만이 있는 곳, 사랑과 돈과 권력이 신비롭게 섞인 곳,
빛나면서 소멸할 수 있는 꿈 그 자체였다.

존 디디온의 「제너두Xanadu」 중에서

이 많다. 미국의 역사가 상대적으로 짧다 보니 시간의 흔적을 모으려는 갈박이 있는 것인지도 모르겠다.

양한 이민 민족의 문화를 보여주는 민족문화유산 박물관이 자리잡고 있다. 이탈리아 박물관도 있고 유대 박
그중에서도 테너먼트 박물관이라고 부르는 차이나타운과 리틀이탈리아 인근에 자리 잡은 공동주택박물
는 미국 이민사를 쉽게 이해할 수 있 물 자체가 예전에 이민자

테너먼트 박물관

실제로 살았던 건물이다. 서울 뒷골목의 '꼬마 빌딩' 정도 되는 작은 빌딩에, 자그마치 20개 나라에서 온 이민자 7000명이
살았다고 한다. 1863년에 지어져 그 많은 인원이 살다가 1935년 안전 부적격 판정을 받아 살던 사람들이 모두 나가고 복구
작업을 거친 뒤 박물관으로 꾸며졌다.

#thejungalow 인스타그램에서 이 해시태그를 검색하면 2만 9824개의 게시물이 나온다. 그리 많은 양은 아니지만 신경 쓴
을 감안하면 적지 않은 수다. 같은 단어의 계정을 검색하면 3000개가 넘는 게시물에 팔로어가 130만이 넘는다. 이 단어는 정
글jungle과 방갈로bangalow를 합친 말로, '식물로 꾸민 집 안'이라는 뜻이다. 집 안에 화분 한두 개 두는 거야 새삼스러운 것도 대
수롭지도 않은 일인데, 대체 뉴욕에서 무슨 일이 벌어지고 있길래까지 첫 번째는 하층부 강남에 아주 핫한 트렌드가 되었

윌리엄스버그

고, 두 번째는 인스타그램에서도 알 이다. 서울로 따진 성수동처
럼 요즘 한창 떠오르고 있는 뉴욕 윌리엄스버 태우 작은 아파트를 방문했을 때, 집에서 식물을
키우는 것인지 식물원에 사람이 얹혀사는 것인지 을 정 서울은 그냥 식물원 겸 책이고, 침실·화장실
샤워실까지 식물들이 빼곡했다. 처음 만났을 때 집 안으로 들어서 "그런 하우스에 오신 걸 환영해 "라고 말하며
웃었다. 서미는 전직 모델로, 올해 35살인 밀레니얼 이었다.

2019년 7월 초, 맨해튼 한복판 매디슨 스퀘어 가든Madison Square Garden과 제이콥K 재비츠 컨벤션센터에서 K-POP 콘서트 '케이콘'이 열렸다. 매디슨 스퀘어 가든! 스포츠를 좋아하는 사람이라면 누구나 귀에 익은 장소일 것이다. 농구팀 뉴욕 닉스, 아이스하키팀 뉴욕 레인저스의 홈구장이고 세기의 복싱 대결이 열린 곳이다. 엘비스 프레슬리, 마돈나, 레이디 가가 등 세계적 스타만 □□□□□□□□□□□□□□□□ 그룹들이 콘서트를 연 것이다. 그냥 공연만 한 것이 아니다. 욕□□□□□□□□□□□□□□□□□□□□□□한. 말하자면 한류 콘서트였다. 나중에 기사를 보니 5만 5000명 넘게 몰려들었다고 한다. 젊은 아이들이 좋아하는 공연이니 그럴 수도 있으려니 생각하겠지만 NBC·ABC·CBS·FOX5 같은 미국 주요 방송사들이 콘서트 관련 소식들을 특집으로 보도했고, 세계에서 가장 뜨거운 광고의 전장인 타임스퀘어에서도 공연 영상이 상영됐다.

매디슨 스퀘어 가든

대통령이 잠나간 □□ 사고의 현장이었던 뉴욕에서는 무슨 일이 있었을까? □□□ 잔해를 치우고 희생자들의 사체를 발굴하□□ □□□ □여러 달이 걸렸다. 잔해에서 나온 강□은 제철소를 거쳐 미 해군 뉴욕함을 만드는 데 쓰였다. 일부는 9·11 추모 박물□□으로 옮겨지기도 했다. □□□□□□□□□□□□□□□□□□□□□□□□□다. 어떻게 할 것인가? 깊은 상처를 남긴 장소를 어찌 할 것이며, □□□□□□□□□□□□□□□□□□□ 이야기가 나왔다. 무너진 건물을 똑같이 복원해 "우린 전과 달라지지 않았다. 테러 따위에 흔들리지 않는다"는 메시지를 전하자는 의견이 있었고, 잔해만 치운 채 그대로 두어 그날의 아픈 기억을 고스란히 간직하자는 의견이 있었다.

그라운드 제로

트렌드의 수도, 뉴욕

#다양성 #이민자의 나라 #식물 #케이팝 #포용의 용기

뉴욕은 더럽고 못생긴 도시다. 공기는 최악이다. 정책은 모든 어린이를 실망시킨다. 교통은 엉망진창이며, 과열된 경쟁은 치명적이다.
하지만 딱 한 가지에 대해서는 의심의 여지가 없다. 뉴욕에서 살고 나면, 뉴욕이 나의 집이 되면, 비교할 수 있는 다른 곳이 절대로 없다는 것이다.

소설가 존 스타인벡의 말이다. 뉴욕에 살아본 적은 없지만
한낱 관광객인 나 역시 그렇게 느꼈다. 많은 도시와 나라에 가봤지만,
그 어느 곳도 뉴욕 같지 않았다. 단언컨대 없었다. 설명하기조차 어려운,
이 도시의 불가사의한 매력은 어디서 오는 것일까?

역동성!

뉴욕의 중심 맨해튼에 서면 느낄 수 있다. 매력이란 사랑처럼 정의하는
것이 아니라 느끼는 것이다. 꽉 막힌 차 사이를 비집고 바삐 움직이는
사람들 사이를 지나가자면 처음엔 혼란스럽지만, 어느 순간 살아 있음을
생생하게 느끼게 된다. 도도한 파리나 차분한 도쿄, 혹은 웅장한
베이징에서는 가질 수 없는 느낌이다. 차라리 서울과 비슷하다.
역동적이다. 그래서 케네디 대통령이 대부분의 도시는 '명사'인데,
뉴욕만큼은 '동사'라고 했는지도 모르겠다.

트렌드를 연구하는 사람에게 뉴욕은 더욱 특별한 도시다.
우리 앞에 흐르는 트렌드의 강물을 따라 올라가다 보면, 결국 뉴욕을
만나게 된다. 말하자면 뉴욕은 전 세계 트렌드의 발원지다.
물론 파리는 패션, 런던은 금융, 밀라노는 가구, 실리콘밸리는
기술 하는 식으로 세계의 트렌드를 이끄는 도시들이 있지만, 이들은
'특정' 트렌드를 이끌 뿐이다. 뉴욕은 이 모든 것을 합쳐서 인간이 살고
소비하는 방식, 즉 라이프스타일 전체의 트렌드를 만들고 전파한다.

미국 사람들은 뉴욕을 말할 때 "뉴욕, 뉴욕" 하고 두 번 말한다. 처음엔
강조하느라 그러는 줄 알았는데, 그게 아니었다. 미국에서는 도시를
지칭할 때 대개 주州와 함께 말한다. '로스앤젤레스, 캘리포니아LA, CA'
하는 식으로. 우리나라로 치면 '경기도 광주' 하고 말하는 것이다.
그러니까 앞의 뉴욕은 도시 이름이고, 뒤의 뉴욕은 주 이름이다.

뉴욕 주는 미국 동북부에 넓게 자리 잡고 있으며, 주도州都는
뉴욕 시가 아니라 올버니Albany다.

NEWYORK

뉴욕 시는 뉴욕 주 남쪽에 있는, 주에서 제일 큰 도시다.
실은 미국에서 제일 크고, 세계에서 제일 크다. 이 도시는 다시
맨해튼·브롱크스·브루클린·퀸스·스태튼섬 다섯 개 구boroughs로
나뉘는데, 제일 유명한 것이 맨해튼이다. 허드슨강과 이스트강 사이에
놓인 작은 섬으로, 뉴욕 시의 중심이면서 세계 문화·금융·상업, 그리고
나머지 모든 것의 중심이기도 하다. 따라서 누군가 '뉴욕'이라고 할 때
이 말은 주州일 수도 있고, 시市일 수도 있고, 맨해튼을 의미할 수도
있다. 그러니 잘 새겨들어야 한다. 이 책에서 뉴욕은 대체로 시를
지칭하지만, 맨해튼을 의미할 때도 있다. 실제로 많은 사람이 맨해튼을
그냥 뉴욕이라고 부른다.

뉴욕은 미국의 수도도, 뉴욕 주의 주도도 아니지만, 세계 트렌드의
수도다. 그 비결은 무엇일까? 앞으로 많은 이야기를 하게 되겠지만,
그중에서도 가장 중요한 것을 하나 고르라면 역시 다양성이다.
전 세계 모든 곳에서 몰려든 셀 수 없는 다양성을 틀리다고 하지 않고
그저 다르다고 받아들이는 스펀지 같은 포용력. 그 한 가지가 오늘의
뉴욕을 만든 것은 아닐까?

처음엔 쓰레기통인지도 몰랐다. 크기도 여느 쓰레기통보다 훨씬
컸지만, 거기 쓰여 있는 글귀 때문이었다. 'EMBRACE THE ABSURD',
우리말로 하자면 "좀 이상해 보여도 괜찮아요." 이렇게 쓰여 있는
쓰레기통도 있었다. 'DON'T BE AFRAID OF ANYONE.'
"다른 사람을 두려워하지 마세요."

"이상해 보여도 괜찮다"니, 정말 '이상하지' 않은가? 쓰레기통이라면
"우리 도시를 깨끗하게" "당신의 배려가 뉴욕을 아름답게 합니다"
이런 글귀가 쓰여 있어야 하지 않나? 아무튼 도심 한복판 쓰레기통에
이런 이상한 글귀를 적어둘 만큼 미국은, 특히나 뉴욕은 다양성을
존중하는 곳이다.

트렌드라는 측면에서 보면 다양성은 굉장한 미덕이다.
감각과 취향을 만들어낼 수 있는 재료와 소스가 무궁무진하기 때문이다.

뉴욕에서 사용되는 언어가 800가지가 넘는다고 한다.
800이라니! UN 회원국 수가 200이 안 되는데 말이다. 800종의

언어 사용자들이 계속해서 부딪히면서 조화를 이루고 변형된다고
생각해보라. 뉴욕이 만들어내는 트렌드의 다양성은 세계 어느 도시와도
비교되지 않는다. 뉴욕의 맨해튼은 섬 전체에 상가가 밀집돼 있어서
다리만 튼튼하다면 아무리 오랜 시간 걸어도 지루하지 않다.
게다가 다양한 소스의 경험이 밀집돼 있으니 '경험의 밀도' 또한 높다.
이렇게 밀도 높은 경험을 통해 세계 어디에서도 생각하지 못했던
창의적 아이디어들이 분출된다.

더구나 뉴욕에는 세계 자본의 중심지 '월스트리트'가 있다.
세계 각지에서 몰려들어 호시탐탐 이윤의 기회만 노리는 이 자본은
조금만 창의적이다 싶으면 바로 투자에 나선다. 아이디어만 참신하면
바로바로 현실화되는 것이다. 말하자면 이런 식이다. 월스트리트에서
근무하던 창업투자 전문가가 푸드 트럭에서 처음 먹어본 지역음식이
맛있었다면, 대뜸 주인에게 "투자자를 모아줄 테니 프랜차이즈로
키워볼 생각이 있느냐?"고 묻는 식이다. 이런 일이 가능한 곳은
뉴욕뿐이다.

뉴욕이 이처럼 다양성의 용광로melting pot가 될 수 있었던 것은
미국의 역사 때문이다. 미국 자체가 이민자의 나라이지만, 특히 뉴욕의
역사는 이민의 역사라고 할 수 있다. 가난과 핍박을 피해 대서양을
건너는 오랜 항해 끝에 미국에 닿은 이민자들이 처음 밟은 땅은
뉴욕이었다. 뉴욕의 상징 '자유의 여신상' 옆에는 지금도 예전에
이민 수속을 하던 건물이 남아 있다.뉴욕 초창기의 모습을 그린 영화

「갱스 오브 뉴욕Gangs Of New York」에서 볼 수 있듯, 이민 초기에는 서로
다른 문화가 부딪혀 갈등이 폭발하기도 했지만, 이후 시간이 지나고
다양한 문화가 섞이면서 사람들은 공존의 방법을 찾아냈다.
뉴욕식 공존은, 쉽게 말하면 '그냥' 같이 있는 것이다.
무척 '쿨'하다. 서로의 존재에 해를 끼치지 않으면 누가 무슨 짓을 해도
신경 쓰지 않는다. 그래서 뉴욕에서는 무슨 짓을 해도 튀지 않는다.
출근 시간 사람들로 붐비는 5번가에서 팬티에 재킷만 입고 맨발로
다녀도 열에 아홉 정도는 쳐다보지도 않고 지나간다. 바라보는 몇몇조차
그냥 '씨익' 웃고 지나간다. "너 인마, 파이팅!" 정도의 메시지를 담아서.

트렌드란 결국 차별화와 동조라는 모순된 두 요소의 다이내믹한
갈등과 타협에서 만들어진다.

지금의 흐름이 지겨워서 새로움을 찾아 차별화하려는 사람이
많아지면, 차츰 다른 사람들의 동조가 시작되면서 트렌드는 시작된다.
그것이 다시 주류가 돼서 지겨워지기 시작하면 또 새로운 트렌드가
발아한다. 이 주기가 반복되면서 얼마나 새롭고 창의적인 트렌드가
형성되는가는, 역시 그 문화적 소스가 얼마나 풍부한가에 달려 있다.
재료가 풍부하면 풍부할수록 더 맛있는 요리를 만들어낼 수 있는 것과
같은 이치다. 뉴욕의 다양성과 포용성은 그렇게 하나의 작은 섬을
트렌드의 수도로 길러냈다.

@테너먼트 박물관: 다양성의 뿌리

    '이상한 것'을 있는 그대로 받아들이는 뉴욕의 포용성은 이처럼 수많은 이민자와 그들의 문화를 수용하는 과정에서 싹텄다. 이를 한눈에 살펴볼 수 있는 곳이 테너먼트 박물관Tenement Museum이다.

    뉴욕에는 박물관이 많다. 미국의 역사가 상대적으로 짧다 보니 시간의 흔적을 모으려는 강박이 있는 것인지도 모르겠다. 뉴욕 곳곳에는 다양한 이민 민족의 문화를 보여주는 민족문화유산 박물관이 자리 잡고 있다. 이탈리아 박물관도 있고 중국 박물관도 있다. 그중에서도 테너먼트 박물관이라고 부르는, 차이나타운과 리틀이탈리아 인근에 자리 잡은 공동주택박물관에는 미국 이민사를 쉽게 이해할 수 있도록, 이민 초기 다양한 이민자들의 가정 모습이 재현되어 있다. 일단 건물 자체가 예전에 이민자들이 실제로 살았던 건물이다. 서울 뒷골목의 '꼬마 빌딩' 정도 되는 작은 빌딩에, 자그마치 20개 나라에서 온 이민자 7000명이 살았다고 한다. 1863년에 지어져 그 많은 인원이 살다가 1935년 안전 부적격 판정을

받아 살던 사람들이 모두 나가고 복구 작업을 거친 뒤 박물관으로
꾸며졌다.

그 시절 이민자들이 어떤 환경에서 어떻게 살았는지 충실하게
재현된 모습이 특히 재미있다. 이들이 어떻게 대서양을 건너왔고,
어떻게 미국 땅에 정착했으며, 어떻게 이곳에서 일자리를 얻고,
무엇 때문에 힘들어했으며, 어떤 전통을 간직하고 무엇을 남겼는지,
단순히 박제된 모습으로 전시된 게 아니라 그 후손들이 혹은 그 나라
여행자들이 와서 자신의 조상들이 이민자의 땅에서 어떻게 살아갔는지
보고 느낄 수 있도록 만들어져 있다. 예를 들면, 20세기 초 유럽
이주민의 생활 모습이 아니라 리투아니아계 유대인 로가셰프스키가
1910~1915년 사용했던 가재도구와 살던 모습을 보여준다.
'www.ancestor.com'에 들어가면 이들의 가족사를 찾아볼 수도 있다.
실제로 많은 방문객이 자신의 조상이 미국으로 이민 와서 살았던 흔적을
보기 위해 이곳을 찾는다.

이 박물관의 큐레이터 디렉터 데이브 팔바로는 이렇게 말했다.

"공통의 경험과 각자의 경험이 모두 중요합니다. 그런 경험들이
시간과 공간에 어우러지면서 이민자의 삶에 영향을 미치죠.
저희는 이민자들이 겪었던 실제 삶을 담고자 했습니다."

나는 '단일민족이 단일국가를 이루고 사는 세계적으로 드문 나라,
대한민국'에 태어난 것이 무척 자랑스러운 일이라고 교육받으며
살아왔다. 남과 북으로 잠시 분단돼 있기는 하지만, 한 민족이

NEWYORK

1988년 세워진 박물관으로 과거의 소박한 흔적을 보존하고 있다.
많은 이민자의 역사를 말해주는 테너먼트 박물관은,
재건이 이루어진 몇몇 공동주택들을 포함해 근사한 문화유산을 소장하고 있다.
지상층에 정육점과 살롱을 재건축하기 위해 계획 중이다.

NEWYORK

여러 나라에 흩어져 살거나 같은 나라 안에서 여러 민족이 분쟁을 멈추지 못하는 비극적인 상황을 겪지 않았다는 것은 매우 다행스러운 일이다. 하지만 뉴욕을 방문하면서 그토록 자랑스러워했던 단일성에는 약점도 있다는 것을 깨닫게 됐다. 나아가 다양한 가치가 존중되고 그것을 시민과 공동체를 위한 가치로 통합시킨다는 면에서 이 복잡한 이민자의 나라에도 장점이 존재한다는 것을 알게 됐다. 노예로 처음 미국 땅을 밟은 이의 후손을 대통령으로 뽑는 나라, 세상 어떤 것이라도 가치관이 될 수 있는 나라, 많은 한계와 우려에도 불구하고 미국은 다원多元의 토대 위에 단단히 자리 잡고 있으며, 뉴욕은 그중에서도 무수한 다양성이 별처럼 반짝거리는 곳이다.

@윌리엄스버그: 식물, 삶의 방식이 되다

"지금까지 이런 원예용품은 없었다."

관객수 천만을 넘긴 영화의 대사를 패러디한 듯한 이 말은 미국인들이 한국의 전통 농사도구, 호미에 붙인 찬사다. 큰 삽과 작은 삽만 써온 사람들이 호미로 흙을 갈고 풀을 뽑아봤으니 호미가 신의 발명품처럼

느껴졌을 것이다. 영어로도 'Homi'라고 쓰는 영주대장간의 호미는
올해 초 미국 아마존에서 원예용품 톱 10에 올랐다.
호미를 만든 대장간의 장인은 그동안 후계자가 없어 고민하고 있었는데,
외국에서 호미 만드는 기술을 배우겠다고 찾아오는 이들까지 생겼다는
뉴스도 들었다. 미국은 지금 원예 중이다.

#thejungalow

인스타그램에서 이 해시태그를 검색하면 3만 304개의 게시물이
나온다. 그리 많은 양은 아니지만 신조어임을 감안하면 적지 않은 수다.
같은 단어로 계정을 검색하면 3000개가 넘는 게시물에 팔로어가
130만이 넘는다. 이 단어는 정글jungle과 방갈로bangalow를 합친 말로,
'식물로 꾸민 집 안'이라는 뜻이다. 집 안에 화분 한두 개 두는 거야
새롭지도 대수롭지도 않은 일인데, 대체 뉴욕에선 무슨 일이 벌어지고
있는 걸까? 첫 번째는 화초를 가꾸는 게 아주 핫한 트렌드가 되었고,
두 번째는 인스타그램에서도 알 수 있듯 트렌드의 주인공이 젊은 층,
말하자면 밀레니얼이다.

서울로 치면 성수동처럼 요즘 한창 떠오르고 있는 뉴욕 윌리엄스버그에
자리 잡은 서머 레인 오크스의 작은 아파트를 방문했다. 집에서 식물을
키우는 것인지 식물원에 사람이 얹혀사는 것인지 구분하기 어려울
정도였다. 거실은 그냥 식물원 자체이고, 침실·화장실·샤워실까지
식물들이 빼곡했다. 처음 만났을 때 집 안으로 안내하면서 서머는
"그린 하우스에 오신 걸 환영해요"라고 말하며 웃었다.

서머는 전직 모델로, 올해 35살인 밀레니얼 1세대다.

"화초가 정말, 정말 정말 많군요. 혹시 몇 개나 되는지 세어보셨어요?
아니, 셀 수는 있나요?"

"물론 셀 수 있죠. 심지어 정기적으로 세는걸요. 약 1100개의 화분에
560종 정도의 식물을 키우고 있어요."

"1100개의 화분! 여기가 바로 식물원이군요."

"고양이나 강아지를 키우는 건 많이 보고 들어서 익숙한데 식물은
굉장히 낯설고 신선해요. 개나 고양이를 반려동물이라고 하잖아요.
여기 있는 화초들 역시 반려식물이라고 하면 될까요?"

"네, 맞아요. 모두 생생하게 살아 있는 생물이죠. 100명의 사람이
파티를 벌이고 있으면 뭔가 살아 있다는 느낌이 들잖아요.
100개의 화초와 함께 있으면 살아 있다는 느낌을 확 받죠."

"펜실베이니아 출신이라고 들었는데, 어떻게 해서 뉴욕에 오게
됐어요?"

"뉴욕으로 온 건 고정관념에서 벗어나고 싶었기 때문이에요.
저만의 가치관을 갖는 건 중요하고 바람직한 일이지만, 거기에 갇히면
안 된다고 생각해요. 다양한 사람들을 만나고 싶어서 이곳 뉴욕에
왔어요."

"저희 세대는 화초를 가꾸는 건 은퇴한 후에나 하는 정적인 일이라고
생각해요. 그런데 맨해튼이나 브루클린에는 화초 키우는 법을 배우는
수업이 많이 있고, 뜻밖에도 젊은 분들이 큰 관심을 보이더라고요."

"밀레니얼의 40%가 집에서 화초를 키우고 있어요. 키우진 않더라도 관심 있는 사람은 훨씬 많고요. 집에서 예쁜 식물을 기르는 건 누구나 좋아하고 관심을 가질 만한 일이에요. 관심과 취미에 머물던 게 소셜미디어를 통해 삶의 방식으로까지 발전하게 된 거죠."

"그게 무슨 뜻이죠?"

"세상 반대쪽에 있어도 취미가 같으면 공감할 수 있는 시대잖아요. 유튜브나 인스타그램을 보면서 '집에서 화초를 10개나 키우는 게 이상하다고 생각했는데 당신을 보니까 수백여 개를 키우는 모습이 멋지네요'라는 생각을 하게 되는 식이죠. 정보를 주고받는 걸 넘어 식물과 함께 산다는 것에 대해서도 이야기해요. 키워본 사람은 알아요. 식물을 삶의 방식으로 받아들이면 많은 가치에 대해 다시 생각하게 된답니다."

"집에 식물, 아니 생명체가 있다는 건 무척 중요한 거군요. 좀 전에 식물 가꾸는 모습을 보긴 했는데 혼자 식물들과 보내는 일상적인 모습이 어떨지 궁금하네요. 혹시 유튜브 하시나요?"

"그럼요. 소통과 교감이 얼마나 중요한데요. 제가 하는 일을 대부분 올려요. 'One Plant on Me'에 오시면 됩니다. 인스타그램은 @HomesteadBrooklyn이에요. 대부분 식물에 관한 내용을 담고 있지요. 물론 오프라인에서도 사람들을 만나요. 사람들과 함께 식물 나누기도 하지요. 제가 좋아하는 가치를 누군가도 경험할 수 있도록요."

NEWYORK

"크게는 아니라도 본인이 세상을 바꿀 수 있다고 생각하나요?"

"그렇게 생각하고 싶어요. 제 행동과 활동이 제 주변 사람들을 변화시키고 그 사람들 역시 자기 주변을 변화시키면 우리가 사는 환경이 조금은 달라질 거라고 생각해요. 아, 식물로 세상을 바꾸겠다는 건 아니에요. 식물을 포함해 밀레니얼이 가진 다양한 가치관이 서로 영향을 주고 받으면서 밀레니얼, 또 다른 세대까지 확산되면 좀 더 바람직한 다양한 가치들이 실현될 수 있을 거라는 의미예요."

"멋진 생각이에요. 맙소사, 유튜브 구독자 16만 명! 인스타 팔로어 13만 명! 엄청난 분이셨군요. 한국에 가서도 계속 구독할게요."

"네, 고맙습니다. 식물도 꼭 키워보시고요."

미국이 다양성의 나라이고 이민자의 도시 뉴욕이 세상의 모든 가치가 공존하는 곳이라고 생각하더라도 식물이 하나의 가치관이 될 수 있다는 생각을 하기는 어렵다. 무엇인가가 가치관이 된다는 건, 곧 그것이 가치 판단의 기준이 된다는 뜻인데, 식물을 기준으로 생각하고 생활한다는 건 기사를 보면서도 상상하기 쉽지 않았다. 서머를 만나고, 식물로 가득한 그의 작은 터전을 보고, 그의 이야기를 듣고, 특히 식물에 대해 이야기할 때 그의 눈빛을 보면서 그게 가능하다고 생각하게 되었다. 그는 완전 채식주의를 추구하는 비건까진 아니지만 채식주의자라고 했고, 환경운동가냐고 묻는 질문에는 직업적인 환경운동가는 아니지만 자신의 생활과 사고방식이 환경운동가에 가깝다고 답했다. 그리고 유튜브와 인스타그램에 달리는 좋아요와

N E W Y O R K

50여 종, 1100여 개의 식물을 키우고 있는 서머는 단순히 식물을 잘 키우는 게 목적이 아니라고 설명했다.
서머는 다른 사람들과 식물을 통해 교류하면서 자신의 생각이 다른 사람,
그리고 공동체 전체에 긍정적인 영향을 미칠 것이라고 자신 있게 말했다.
서머는 화초 기르는 방법과 관련해서 유튜브 채널을 운영하고 있었다.
서머뿐만 아니라 우리가 만난 뉴욕의 밀레니얼은 대부분 블로그 아니면 본인의 유튜브 채널을 가지고 있었다.

댓글들을 보면서 자신의 삶과 가치관에 대한 그의 이야기가 사실
그대로임을 깨달았다.
자기가 좋아하는 것에 몰입하고, 그 경험을 공유하면서 선한 영향력을
주고받는 것, 그 현장을 보고 나니 한층 젊어진 느낌이 들었다.

@매디슨 스퀘어 가든: 케이팝이 뒤흔든 세상

  2019년 7월 초, 맨해튼 한복판 매디슨 스퀘어 가든Madison Square
Garden과 제이콥K 재비츠 컨벤션센터에서 K-POP 콘서트 '케이콘'이
열렸다. 매디슨 스퀘어 가든! 스포츠를 좋아하는 사람이라면 누구나
귀에 익은 장소일 것이다. 농구팀 뉴욕 닉스, 아이스하키팀
뉴욕 레인저스의 홈구장이고 세기의 복싱 대결이 열린 곳이다.
엘비스 프레슬리, 마돈나, 레이디 가가 등 세계적 스타만 설 수 있는
공연장이기도 하다. 바로 그곳에서 우리 아이돌 그룹들이 콘서트를
연 것이다. 그냥 공연만 한 것이 아니다. 우리나라 음식·화장품·굿즈 등
문화와 상품도 같이 전시한, 말하자면 한류 콘서트였다. 나중에 기사를
보니 관객이 5만 5000명 넘게 몰려들었다고 한다.

NEWYORK

젊은 아이들이 좋아하는 공연이니 그럴 수도 있으려니 생각하겠지만
NBC·ABC·CBS·FOX5 같은 미국 주요 방송사들이 콘서트 관련
소식들을 특집으로 보도했고, 세계에서 가장 뜨거운 광고의 전장인
타임스퀘어에서도 공연 영상이 상영됐다.

　나도 에이티즈Ateez 같은 한류 아이돌 스타를 직접 만날 수 있다는
기대감에 들떠 일찍부터 공연장을 찾았다. 공연장은 케이팝 스타들을
보기 위해 모인 외국 젊은이들로 금세 가득 찼다. 친구들이랑 수다를
떨거나, 이어폰을 꽂고 음악을 들으며 어깨를 들썩거리거나, 혼자서
혹은 그룹으로 모여 커버 댄스를 추는 등 이들은 각자의 방식으로
들뜬 기분을 표현하며 콘서트가 시작되기를 기다렸다. 다들 기분이
붕 떠 있는 탓에 인터뷰가 차분하게 진행되지는 않았다. 하지만 오히려
그것이 한껏 흥분된 이들의 기분을 보여주는 것 같아 나 역시 기분이
덩달아 좋아졌다.

　"한국 아이돌 노래 많이 들어요?"

　"네! 항상 들어요! 스포티파이로 늘 듣고 있어요. 너무 좋아요!"

　"케이팝이 왜 좋아요? 노래가 좋아요? 가수가 좋아요?"

　"다 좋아요. 노래도 좋고, 아이돌이 우리에게 전반적으로 보여주는
모습이 좋아요. 의상, 헤어스타일, 주얼리, 먹고 마시는 일상,
뮤직비디오까지 다 좋아요."

　"어떤 팀을 제일 좋아해요?"

　"저는 NCT 좋아하고요, 얘는 세븐틴 좋아해요."

"케이팝을 어떻게 좋아하게 되었어요?"

"옛날부터 드라마를 봤어요. 그다음에는 음악을 듣기 시작했고요. 그 뒤로 쭉 관심을 갖게 되었어요. 우리가 케이팝을 좋아하고 뉴욕까지 오는 이유는 똑같은 것을 좋아하는 사람들끼리 모이는 경험이 너무 좋기 때문이에요."

"그런데 청소년이 오기에는, 그것도 뉴욕 아닌 지역에서 오기에는 너무 비용이 많이 들잖아요. 그만한 가치가 있다고 생각하세요?"

"네, 당연히 그만한 가치가 있다고 생각해요. 제 경우는 부모님도 함께 좋아해주셔서 정말 다행이에요. 콘서트에 함께 오시진 않았지만 가족 여행을 와서 우리를 이곳에 데려다 주시고 시내에서 시간을 보내시다가 콘서트가 끝나면 만나기로 했어요."

"케이팝 음악이 왜 그렇게 좋아요?"

"케이팝은 엔터테인먼트 패키지 같아요. 미국 노래는 노래만 들어야 하잖아요. 케이팝은 노래·가수·춤·패션 다 볼거리라서 패키지 선물 같아요."

"언어가 다르잖아요. 그건 문제가 안 되나요?"

"그럼요. 음악은 언어를 초월하잖아요. 좋은 음악은 그냥 좋은 음악이에요."

위의 인터뷰는 어느 한 개인과 오래 한 인터뷰가 아니라 공연장을 오가는 여러 청소년과 잠깐잠깐 인사를 주고받듯이 이뤄진 대화다. 좋아하는 그룹에 차이가 있고 언제부터 좋아했는지가 다를 뿐, 답은 대부분 비슷했다. 얼마나 좋은가? 엄청 좋다. 왜 좋은가? 모른다. 그냥 좋다. 이런 대화를 가장 많이 나눈 것 같다. 그날 공연에서 나는 케이팝을 즐기기도 했지만 케이팝을 즐기는 이 다양한 밀레니얼의 표정과 몸짓이 더 흥겹고 신기했다. BTS를 비롯한 케이팝은 이제 연예 뉴스가 아니라 사회면을 장식하는 뉴스가 되었고, 사회학적으로 분석해야 할 주제가 되었다. 음악이 좋다면 언어가 한국말이어도 상관없다고 한 말처럼 그들은 이미 글로벌 감상자였다.

수많은 문화적 성취가 녹아드는 뉴욕의 한복판에 우리 음악이 이렇게 자리 잡고 있다는 사실이 무척 자랑스러웠다. 내가 이들의 또래였을 때는 마이클 잭슨 같은 미국 스타를 우상으로 삼아 그 춤을 따라 했는데, 이제 그 입장이 바뀌었다. 놀라운 변화다. 케이팝의 성공을 '한국적 진정성'의 성취로 보는 시각도 있고, 노래에서 끝나지 않는 춤·패션·헤어·메이크업 등 종합선물세트 같은 '스타일의 성취'로, 혹은 아이돌 멤버들의 중성성中性性의 매력으로 분석하기도 한다.

듣는 입장, 즉 소비 시장 측면에서 얘기해보자. 무엇이 케이팝의 성공을 가능하게 했을까? 세계의 모든 음악이 모여 있는 미국에서 굳이 케이팝을 골라 들을 수 있는 취향의 다양성이 결국 그 뿌리에 있는 것은 아닐까? 나 같은 연구자들은 케이팝의 성공 비결을 분석할 생각부터 하지만, 이들은 그저 노래를 흥얼거리고 춤과 화장, 헤어스타일을 따라 할 뿐이다. 노래가 인기 있는 이유를 따지는 자와 노래를 따라 부르고 춤을 추는 자, 누가 더 삶을 즐기고 있는 것일까?

NEWYORK

NEWYORK

그동안 뉴저지에서 열리던 케이콘 뉴욕이 2019년 처음으로 맨해튼으로 자리를 옮겼다.
케이콘 뉴욕이 열린 매디슨 스퀘어 가든은 각종 스포츠 경기나 톱스타들의 공연이 열리는 곳으로
달라진 케이팝의 위상을 느낄 수 있었다.
관객의 60~70%는 24세 미만, 그리고 90%가 여성이다.
2012년 시작된 케이콘은 현재 케이팝 붐을 만드는 데 일조했다고 평가받는다.
방탄소년단 역시 2013년 케이콘을 통해 미국에 소개됐다.
2019년 누적 관객 수 100만 명을 돌파했다.

맨해튼 한복판에서 우리 아이돌 그룹들이 뉴욕의 다원성에 한 빛깔을
더하고 있었다.

@그라운드 제로: 비극마저 품어낸 다양성

　뉴욕 맨해튼 남부 중심가, 주코티 파크에서 걸어서 2～3분이면
세계무역센터가 있던 곳이 나온다. '9·11 메모리얼', 우리가 익히 아는
'그라운드 제로'다. 그라운드 제로는 원래 폭발이 있었던 지표 지점을
뜻하는 보통명사였는데 9·11 이후 세계무역센터가 있던 장소를
가리키는 고유명사처럼 쓰이고 있다.
　세계무역센터는 쌍둥이빌딩이었다. 두 개의 건물이 있던 곳에는
네모꼴의 커다란 연못이 있다.
　'리플렉팅 풀Reflecting Pool', 사색하는 연못이다. 가장자리에서는 물이
끊임없이 떨어져 아래로 흐르고, 테두리는 검은 돌로 장식하고 돌에
희생자들의 이름을 새겨놓았다. 간혹 이름 옆에 흰 꽃이 놓여 있기도
한다. 생일을 맞은 희생자들이란다. 이건 단순한 기념의 의미가 아닐
것이다. "우리는 영원히 당신을 잊지 않겠습니다" 하는 숙연한 결의가

담겨 있다.

모두 3000여 명이 희생됐다. 검게 흐르는 물을 물끄러미 바라보다가 잠시 고인들의 명복을 빌었다.

지난 100년간 미국은 세계에서 가장 많은 전쟁을 수행한 나라이지만, 사실 미국인들에게 테러는 남의 나라 이야기였다. 그런데 2001년 9월 11일, 모든 것이 달라졌다. 미국인들의 머릿속에 '테러'라는 단어가 각인된 것이다. 미국 뉴욕 맨해튼 중심가의 세계무역센터와 워싱턴DC의 펜타곤이 공격받아 세계무역센터는 완전히 붕괴됐다. 부시 대통령은 '테러와의 전쟁'을 선포했고, 그 뒤로 더 많은 작전과 전투가 일어났다.

대혼란이 지나간 후, 사고의 현장이었던 뉴욕에서는 무슨 일이 있었을까? 테러의 잔해를 치우고 희생자들의 사체를 발굴하는 데만 여러 달이 걸렸다. 잔해에서 나온 철재는 제철소를 거쳐 미 해군 뉴욕함을 만드는 데 쓰였다. 일부는 9·11 추모 박물관으로 옮겨져 아픈 상처를 기록했다.

정리가 끝나자 사람들은 고민했다. 어떻게 할 것인가? 깊은 상처를 남긴 장소를 어찌 할 것이며, 각인되어 지워지지 않는 깊은 상처는 어찌 할 것인가? 여러 이야기가 나왔다. 무너진 건물을 똑같이 복원해 "우린 전과 달라지지 않았다. 테러 따위에 흔들리지 않는다"는 메시지를 전하자는 의견이 있었고, 잔해만 치운 채 그대로 두어 그날의 아픈 기억을 고스란히 간직하자는 의견이 있었다.

위낙 중대한 사안이었고 문화가 다양한 만큼 의견도 여러 갈래여서 논의는 쉽지 않았다. 새로운 무역센터도 지어야 했다. 결국 새 건물은 그라운드 제로 옆에 짓기로 하고, 그라운드 제로에는 어떤 형태로든 추모하는 공간을 만들기로 했다. 공간의 형태는 아무런 조건 없이 제안을 받았다. 최종 심사를 거쳐 결정된 안이 지금의 모습이다. 런던에서 태어나 뉴욕에 살고 있는 이스라엘 건축가 마이클 아라드가 설계했다. 심사 과정에서 논란이 컸다. 설계안을 본 시민들은 무덤을 연상시킨다며 반대했다. 하지만 원안대로 설계되어 지금의 추모 공간이 만들어졌다. 실제로 와서 보니, 그 빈 공간의 공허함이 나를 압도하고 사색하고 기억하고 질문하게 한다. 선택은 옳았다.

비슷한 일이 30여 년 전에도 있었다. 베트남전쟁에 참전했던 베테랑들은 제2차 세계대전 참전용사들과 달리 환영받지 못했다. 미국인들에게 베트남전쟁은 무고한 양민이 학살된 '추악한 전쟁'이었기 때문이다. 약간의 시간이 필요했다. 몇 년 후 전쟁에 대한 평가와 참전군인에 대한 평가가 분리되면서 참전용사들을 기리는 공간을 만들자는 운동이 일어났다. 얼마 후 발표된 설계안에 시민들은 충격을 받았다. 참전용사들의 숭고한 희생 정신을 기리려면 사람들이 우러러볼 수 있도록 우뚝한 조형물을 세워야 마땅한데, 설계안은 지상에서 지하로 이어지는 데다 순수한 희생을 상징하는 흰 돌도 아니고 검은 돌로 만들어졌기 때문이었다.

반대가 심했다. 설계자는 예일대학교 중국계 여학생이었는데 당시 사람들은 중국 사람과 베트남 사람을 잘 구분하지 못했다.

"베트남전쟁에서 희생된 우리 군인들의 위대한 정신을 추모하는
조형물을 베트남 여자에게 맡기다니"가 대략의 정서였다.
의회까지 나서서 반대했지만 건립위원회는 밀어붙였다.
추모비는 워싱턴DC에 만들어졌다. V자로 만나는 두 개의
75m 검은색 화강암에 5만 7939명 전사자들의 이름을 사망한 시간
순서대로 새겼다. 워낙 시끄러운 이슈였기 때문에 완공 후 일반에
공개되자마자 많은 사람이 몰려들었다. 반응은 어땠을까?
사람들은 가족, 친구, 전우의 이름이 새겨진 벽 앞에서 울었다.
'베트남인가 중국인가에서 왔다는 여자애'에 대한 논란은 말끔히
사라졌다. 마야 린이라는 이름의 그 학생은 논란이 한창이었을 때
의회 청문회에 불려 나가 말했다.

　"우리는 전쟁의 실상, 사람들의 죽음, 참전자와 전사자들에 대한
기억 앞에서 정직해야 합니다. 전쟁을 찬양하거나 미화하고 싶지
않습니다. 생명의 소중함은 항상 명확하게 기억해야 합니다.
다만 유가족들이 사랑하는 사람의 죽음을 받아들일 수 있도록 돕고
싶었습니다. 죽음을 받아들이는 것이 상실감을 극복하는 첫 단계이기
때문입니다. 기념물을 디자인하는 데 있어 가장 근본적인 목표는
죽음 앞에 정직해지는 것이었습니다."

　후에 건축가이자 디자이너가 된 마야 린은 9·11 희생자 추모 공간
설계 공모 심사위원단의 한 사람으로 심사에 참여했다.
마야 린이 심사했던 마이클 아라드의 추모 공간에서 사람들이 느끼는

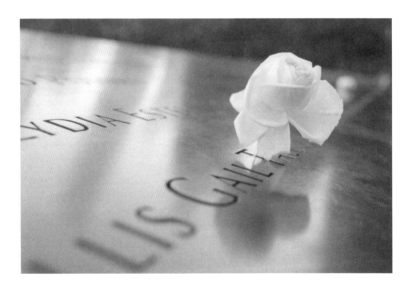

NEWYORK

그라운드제로에서 원월드 트레이드 빌딩을 바라보면 압도적인 높이를 느낄 수 있다.
오큘러스 내부에는 그라운드제로 관련 기념품 상점부터 명품 상점까지 아우르는
넓은 쇼핑몰이 자리 잡고 있으며 지하철역과도 연결된다.
리플렉팅 풀의 검은 돌 위에는 희생자들의 이름이 새겨져 있다.
이름 옆에 놓인 꽃은 뉴욕 시에서 생일을 맞은 희생자를 추모하기 위해서 가져다 둔 것이다.

감정 역시 '죽음을 받아들이고, 죽음 앞에서 정직해지는 것'과
크게 다르지 않았다. 더 그럴싸한 외형으로 죽음을 외면하고 슬픔을
감추거나, 당시의 화면을 계속 반복해서 보여줌으로써
슬픔을 강요하기보다 죽음 앞에 홀로 서게 함으로써 공간은 사람에게
질문을 던진다.

  "우리는 이제 어떻게 해야 할까요?"

  9·11을 추모하는 공간은 그라운드 제로의 리플렉팅 풀 말고도
바로 옆의 9·11 추모 박물관과 오큘러스Oculus가 있다.
9·11 추모 박물관 역시 맨해튼의 초고층 빌딩들처럼 하늘을 향하지 않고
땅속으로 향한다. 메모리얼 홀에서 지하 전시실로 가는 계단은
'생존자 계단'이라 불린다. 당시 사람들이 탈출할 때 이용했던 계단이다.
당시 현장에 남아 있던 건물 구조물, 망가진 소방차, 희생자 유품 등이
전시되어 있다. 리플렉팅 풀보다 엄숙함과 슬픔의 농도가 진하다.

  반면 오큘러스는 새로운 방식, 조금 밝은 방식으로 희생자를
기린다. 리플렉팅 풀이 검은색 공간이라면 오큘러스는 흰색 공간이다.
생김새는 특이하면서도 익숙한 느낌인데, 멀리서 얼핏 보면 갈비뼈나
생선가시를 떠올리게 한다. 하지만 새를 형상화했다는 이야기를 들으면
그제야 고개가 끄덕여진다. 어린아이가 두 손 모아 작은 새를 날려
보내는 장면을 떠올려보자. 조그만 손 안에 있던 새가 날개를 활짝 펼친
모습이다. 내부 역시 온통 새하얗다. 겉모습은 맨해튼의 빌딩들 사이에서
모양만 도드라질 뿐 다소 왜소한 느낌인데, 안에 들어서면 거대한 규모에

놀라게 된다. 오큘러스는 '눈' 혹은 '창문'이라는 뜻이다. 해마다
9월 11일이 되면 새가 날개를 움직여 유리창이 열린다. 하늘에서 보면
눈을 뜬 모습이 된다고 한다.

리플렉팅 풀과 추모 박물관이 슬픔을 통해 감정을 정화시킨다면,
오큘러스는 희망을 통해 살아갈 에너지를 준다.

작은 맺음말: 다름을 존중하라

뉴욕 시민들이 참사를 기억하고 희생을 추모하는 남다른 방식은
거리의 쓰레기통에 적힌 "이상해 보여도 괜찮다"는 문구, 혹은 케이팝을
온몸으로 즐기는 뉴욕 소녀들의 몸짓과 크게 다르지 않아 보였다.
많은 사람이 미국의, 그리고 뉴욕의 다원성에 대해 이야기한다.
하지만 다양한 사람이 모여 있다고 해서 다원적 사회가 되는 것은
아니다. 문제는 포용이다. 그것이 이민의 역사 때문이든, 생존을 위한
불가피한 결과든 '나와 다름'을 받아들이는 수긍의 문화는 중요하다.
결코 잊지 못할 역사적 비극의 현장에 자리할 조형물에 어쩌면
이방인일 수도 있는 이의 설계를 선정하고, 많은 이가 기괴하다고

걱정하는 조형물을 들일 수 있는 용기에 주목하자. 어쩌면 수용만큼 용기를 필요로 하는 일을 없을 것이다.

앞에서 얘기했듯, 요리의 재료가 다양할수록 음식은 맛있어진다. 트렌드를 이끌고 싶다면 먼저 다양한 문화적 소스를 확보해야 한다. 그러기 위해서는 다양한 취향을 포용해야 한다.

흔히 한국인은 "다른 것은 틀린 것"이라고 믿는 획일성이 강하다고 말한다. 하지만 『트렌드 코리아 2019』 '나나랜드'라는 키워드에서 보듯이, 요즘은 조금 다르더라도 자기 개성을 마음껏 표현해보겠다는 소비자가 늘어나고 있다. 누군가에게는 부담스러울지도 모르지만, 트렌드의 측면에서는 바람직한 변화라고 생각한다.

새로운 트렌드를 만들고 싶은가? 그렇다면 답은 하나다. 다름을 존중하라.

EMBRACING MILLENNIALS

EMBRACING MILLENNIALS

사람들은 뉴욕에서 저마다 자기만의 의미를 찾아내고 읽어낸다.

밀레니얼이 살아온 시기는 끊임없이 이동하는 유목遊牧, 즉 '노마드nomad'의 시대였다. 유목하듯 끊임없이 흘러가는 사회에서는 소속된 집단보다는 자기 자신, 개체가 중요해진다. 그래서 그 자신이 '좋아하는 것'을 스스로를 규정할 때 무척 중요한 요소가 된다. 이 점을 이해하는 것은 매우 중요하다. 왜 밀레니얼이 결혼을 늦게 하고, '덕질'이라고 부르는 취미 생활에 몰두하고, 느슨한 연대를 선호하며, ████████████████████ 문이다. 이들은 연결을 통해 기회를 공유하고, 기회를 공유함으로써 자아를 확장시킨다. 시간과 공간의 제약을 받는 웹 대신 앱을 사용해 늘 온라인 상태를 유지한다. 가치는 실시간으로 공유되고 주장은 급속하게 확산된다. 이렇게 공유된 가치는 실현 가능성이 높다. 밀레니얼이 스마트폰이라는 막강한 무기를 들고, 사회에 목소리를 높이고 있는 이유다.

위싱턴 하이츠

밀레니얼은 공유에 거리낌이 없다. 우버Uber나 에어비앤비Airbnb의 성공은 기성세대가 보기엔 놀라운 일이다. 생전 모르던 사람의 차를 타고, 심지어 그의 집에 들어가 잔다는 것이 불안하기도 할 텐데, 별로 꺼려하지 않는다. 왜 그럴까? 스마트폰의 앱으로 수요와 공급을 연결시키는 플랫폼이 가능해진 것이 가장 큰 이유이지만, 앞에서 말한 연결의 가치를 추종하고 댓글의 힘을 믿는 밀레니얼의 믿음도 중요한 한몫을 했다. 오랜 1자녀 정책으로 형제나 사촌이 없는 중국의 밀레니얼이 더욱 공유에 열광하는 현상은 시사하는 █████████████████████ 차를 공유하고 사무실을 공유하고 자전거를 공유한다. '공유의 천█████████████████████ 공유경제가 활발해진 걸까?

로어 맨해튼

그 배경에는 역시 밀레니얼이 있다. 실용의 가치와 실천의 윤리로 무장한 이 세대가 뉴욕의 풍경을 바꾸고 있다. 밀레니얼의 소비는 단순한 지출 행위가 아니라 생각을 실천하는 행위다. 불매 운동을 통해 세상의 잘못에 대항하고, 환경친화적 제품을 구매해 지구 온난화를 염려하며, 채식을 통해 윤리적 가치를 실천한다. 공유는 편리성의 문제 이전에, 이들이 추구하는 연결이라는 가치 실천의 문제다.

그리니치 빌리지와 미드타운 맨해튼의 중간쯤, 플랫아이언 빌딩에서 멀지 않은 곳에 위워크에서 운영하는 '메이드바이위 Made By We'라는 공간이 있다. 위워크가 기업을 위한 공간이라면 이곳은 개인을 위한 장소다. 안락한 카페 분위기로, 머무른 시간 단위로 돈을 낸다. 요즘 우리나라에서도 쉽게 볼 수 있는 '스터디카페'와 비슷한데, 훨씬 더 세련된 모습이다. 새로운 공유의 모습을 보기 위해 이른 저녁 메이드바이위에 들렀다. 로비 빈 공간에 한 여성이 기타를 둘러메고 나왔다. 사회자

메이드바이위

의 소개에 이어 생각지 않은 ... 알고 있었던 듯 놀라지 않았지만 여자꺼서 수군거리는 걸 보니 누가 공연을 하는 사람까지는 몰랐던 모양이다. 노래가 시작되자 사람들은 자연스럽게 공연에 빠져들었다. 전문 공연장이 아니라 좋은 소리를 전하는 데는 한계가 있었지만 가수와 관객이 불러주... 징 그리는 감동을 전하기에 부족함이 없었다. 너구나 청중은 아주 편안한 옷차림의 젊은이들이다. 혼자 혹은 삼삼오오 짝을 짓고, 손에는 각자 좋아하는 와인 한 병씩 들고 와서 나눠 마시며 음악을 즐긴다. 아늑한 분위기다.

... 관점에서 바라본 밀레니얼 ... 세대보다 못사는 세대다. 밀레니얼의 부모인 베이비붐 세대는 급속한 경제성장기 ... 이었다. 덕분에 자식인 ... 들을 풍요로운 환경에서 자랄 수 있었다. 앞서 이야기했듯, PC와 인터넷을 어려서부터 ... 른이 되었을 무렵엔 아이폰이 나왔다. 세상은 연결되어 손 안에 아이 ... 는 연결되어 있었다. 아이폰이 세상에 나온 ... 금융 위기가 터졌다. ... 해서 실업률은 높아만 갔다. 상대적

브루클린

으로 부유한 부모를 둔 밀레니얼이 아무리 많아도 자리나 딥씩 편안치 않다. 베이비붐 세대의 경제 성장 따위는 앞으로 없을 것이라는 사실을 이들도 알고 있다. 기술 발전 속도는 증가하지만 경제 성장 속도는 낮아진다. 기술은 사람을 대체한 지 오래다. 요컨대, 경제 성장은 어렵고 일자리는 ... 밀레니얼은 어디서 어떻게 생존해야 할까?

밀레니얼의 도시

#협업 #공유 # 작고 가까운 연대 #FIRE # 경제적 자유

전 세계 인구의 25%. 가장 왕성한 소비력을 자랑하는 집단.
어떤 '집단'이 떠오르는가? 중국? 틀렸다. 현재 전 세계의 인구수는
77억 명 정도다. 그중 25%면 19억 명 정도로, 14억 명 남짓인
중국의 인구를 훌쩍 넘어선다. 정답은 어떤 지역이 아니다. 세대다.
밀레니얼이다. 요즘 한창 주목받는 '밀레니얼 세대'. 밀레니얼이 화두다.

최근 소비 시장을 둘러싼 세대와 트렌드 담론에 빠지지 않고 등장하는
단어가 바로 밀레니얼이다.

밀레니얼이란 나라마다 조금씩 다르지만, 1980년에서 1990년대 중반
사이에 태어난 20대 중반에서 39세까지를 일컫는다.

세대 개념의 출발은 '베이비부머Baby Boomer'였다.
우리나라의 베이비부머는 한국전쟁 이후 1955년에서 1963년 사이에
태어난 집단을 일컫는다. 그다음 세대는 'X세대'라고 부른다.
1964년에서 1979년 사이에 태어난 인구 집단인데, 베이비부머의
기준으로는 이해되지 않는 미지의 세대라는 의미에서 'X'라는 명칭을
붙였다. 이후 세대의 명칭은 자연스럽게 'Y세대'였다. Y세대는 새로운
천 년, 즉 밀레니엄을 바라보는 세대라고 해서 '밀레니얼'이라는 별명이
붙었는데 그 별명이 더 유명해졌다. 1995년 이후에 태어난 세대는 다시
전통을 이어 'Z세대'라고 부른다.

「파이낸셜 타임스」에 따르면 밀레니얼은 약 18억 명을 넘어서 대략
전 세계 인구의 25%를 차지한다. 미국의 사회·인구통계학 트렌드를
연구하는 퓨리서치센터Pew Research Center의 분석에 따르면 미국의
밀레니얼은 2019년 현재 7300만 명을 넘어선다. 인구가 급증했던
베이비부머 세대의 인구수를 추월해 미국 인구 가운데 가장 많은 비율을
차지하는 세대가 된 것이다. 우리나라의 밀레니얼은 1098만 명으로
전체 인구의 21.2%를 차지한다. 미국이나 평균치를 살짝 밑도는 수치다.

트렌드를 이야기할 때 밀레니얼을 빼놓을 수 없는 이유는 단지 인구의
규모 때문만은 아니다. 선배 X세대가 한때는 '오렌지족'이라고 불리며
'미지의 X'라는 칭호를 얻을 만큼 기성 세대인 베이비부머와 다른
모습을 보였지만, 그 정도는 밀레니얼과 비교되지 않는다.
베이비부머와 X세대가 사고방식은 비슷하지만 소비에 대한 태도 정도가

다른 '양적' 차이를 보였다면, 밀레니얼은 기본적인 사고방식이 다른
'질적' 차이를 보인다.

왜 그럴까? 밀레니얼은 어렸을 때부터 다른 경험을 하며 자라왔기
때문이다. 한국에서 1985년에 태어난 밀레니얼을 기준으로 얘기하면,
태어난 직후 1988년 개최된 서울올림픽의 영향으로 자연스럽게
매우 글로벌한 사고를 하게 됐다. 초등학교에 들어가던 1992년
서태지가 등장했다. 이들은 성인이 된 이후에야 팝송과 트로트를 접한
이전 세대와 달리 어렸을 때부터 문화 상품에 열광했다. 11세 때
PC 보급이 본격화됐고 22세 때 아이폰이 등장했다. 인터넷과 모바일을
어렸을 때부터 사용해온 진정한 첫 '디지털 원주민'인 것이다. 17세 때
2002년 월드컵, 27세 때 싸이의 「강남스타일」 열풍이 불었던 것도
주목할 만하다. 우리 문화 수준이 글로벌하다는 인식을 자연스럽게
갖게 된 첫 세대이기 때문이다. 이렇게 자랐으니 이전 세대와는 완전히
다른 생각을 하게 된 것도 당연하다. 이 이질적인 대규모 인구 집단이
이제 취직하고 결혼하고 왕성한 소비 생활을 시작하고 있다.
시장의 지각 변동이 불가피할 수밖에 없다.

그래서 밀레니얼은 늘 화두다. 밀레니얼을 다룬 책들이 앞다퉈
출간되고 베스트셀러 목록에 오른다. 쉽게 이해하기 위해 한국의 예를
들었지만, 이것은 세계적인 현상이다. 전 세계의 경제·기술·문화를
이끌고 가는 미국은 물론이고, 그 뒤를 뒤쫓고 있는 중국도
빠링허우(80后), 주링허우(90后)라는 이름으로 불리는 새로운 세대의

역할이 막중하다.

　밀레니얼은 트렌드의 시작점이기도 하다. 시대와 사회를 막론하고
20～30대는 인생의 황금기다. 중고생들은 대학생처럼 보인다고 하면
기분 좋아하고, 40대 이후는 젊어 보인다고 하면 기뻐한다.
모든 연령대의 소망점인 것이다. 그래서 다른 세대는 밀레니얼의
소비를 따라 하려고 한다. 전문용어로 준거력 referent power이 높다.
밀레니얼이 특히 소비 시장에서 인구 규모에 비해 큰 힘을 갖는 이유다.
이렇듯 여러 가지 이유로 트렌드를 이야기할 때 밀레니얼을 빼놓고는
논의하기가 쉽지 않다. 그래서 모두가 묻는 것이다.

　밀레니얼은 누구인가?

@워싱턴 하이츠: 밀레니얼은 연결한다

　밀레니얼인 카리나 미셸은 뉴욕에 살면서 연기자를 꿈꾸고 있다.
오리건 주에서 태어났고 컬럼비아대학교에서 영화를 공부했다.
지금은 연기 공부를 하며 3년째 뉴욕에 살고 있다. 룸메이트와 함께 사는
워싱턴 하이츠의 집에서 그와 이야기를 나누었다.

"젊은 밀레니얼 세대로서 자기 자신을 어떻게 정의하나요? 몇 가지 형용사로 표현할 수 있을 것 같아요?"

"저 자신을 어떻게 정의하냐고요? 좋은 질문이에요. 저는 자신을 확실히 밀어붙이는 사람이에요. 혁신적이고 창의적이죠. 그리고 협업을 잘하는 사람이기도 하고요."

"협업을 잘한다는 건 무슨 의미예요?"

"예전엔 성공하고 싶으면 매력적으로 보여야 했어요. 사람들 앞에서 대담하게 행동해야 했지요. 지금은 조금 달라진 것 같아요. 주변의 공동체, 주변 사람들과 서로 북돋는 자세가 중요해요. 다른 사람들과 끊임없이 접촉하고 교류하면서 서로의 발전을 꾀하는 거죠. 제가 요즘 하는 일은 모두 협업으로 이루어져요. 당장 여기 룸메이트들과 사는 것만 해도 일종의 협업이죠."

"밀레니얼은 보통 키보드 뒤에 앉아 있을 뿐 오프라인에서 관계 맺기를 별로 좋아하지 않는다고 생각했어요. 제가 오해하고 있는 건가요?"

"분명 그런 면도 있죠. 그런데 그렇게 하다 보면 많이 외로운 순간이 찾아와요. 그런 순간, 저는 자신을 표현할 수 있는 방법을 찾으려고 했어요. 그래서 뉴욕에 온 지 얼마 안 됐을 때 유튜브를 시작했죠. 저는 연기자를 꿈꾸며 뉴욕에 왔는데 처음엔 아무것도 할 수 없었어요. 저는 그것도 제 인생이라고 생각했어요. 아끼고 자랑스럽게 생각하기로 마음먹었죠. 유튜브 채널은 누구도 빼앗을 수 없는 저만의 것을 만들고 나누고 간직할 수 있는 수단이에요. 유튜브를 통해 저와 일하고 싶어 하는 많은 사람을 만날 수 있었어요. 그들은 저를 아는 것 같았고, 저 또한 그들을 아는 것 같았어요.

우리는 온라인(온라인으로 소통하고 있다는 뜻)이니까요. 이해되시나요? 우리는 방구석 키보드 앞에 앉아서 무턱대고 성공을 꿈꾸진 않아요."

"하나만 더 물을게요. 아까 자신을 어떻게 정의하냐고 물었잖아요. 비슷한 질문인데 자신의 일은 어떻게 정의하나요? 어떤 일을 하고 싶나요?"

"저는 가끔 저 자신에게 물어봐요. '카리나, 내 인생에 무슨 일이 일어나고 있어? 무엇을 변화시킬 수 있어?' 그리고 제 삶에서 할 수 있는 일에 에너지를 쏟아요."

"흠, 아주 인상적이군요. 카리나 덕분에 밀레니얼을 좀 더 이해하게 되었어요. 고마워요. 배우의 꿈 꼭 이루기 바랄게요."

"네, 저도 저 자신을 정리할 수 있어서 좋았어요. 고마워요."

뉴욕 맨해튼의 밀레니얼 카리나와 나눈 대화는 짧고 평범했지만 유익했다. 스스로의 입으로 자신을 정의하는 문장들은 언제나 소중하다. 카리나의 자기 정의를 거칠게 요약하면 다음과 같다. 밀레니얼은 소속보다 연결을 추구한다.

기성세대에게 자기 소개를 부탁하면 "저는 ○○회사에 다니고, ○○이 고향이에요. ○○학교를 나왔고요" 이런 식으로 얘기한다. 자기 정체성을 어떤 집단에 소속돼 있는가로 규정하는 것이다.

NEWYORK

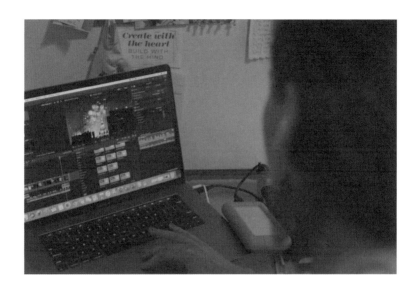

연기자 지망생인 카리나는 부업으로 촬영 메이크업이나 간단한 단역들을 하고 있다.
카리나의 부업 중 하나는 유튜버로 뉴욕의 일상을 촬영해 올리는 것이다.
7월 4일 독립기념일 불꽃축제 당시 촬영한 영상을 편집하고 있다.

밀레니얼은 다르다. "저는 여행을 좋아해요. 주말에는 바다에서 서핑하는 것을 좋아하고요. 또 피규어 모으는 것도 좋아해요"라며 계속 자신이 좋아하는 것을 얘기한다. 자신의 개인적 욕망으로 정체성을 표현하는 것이다.

예전에는 이동이 적고 사회가 안정적이었다. 한마디로 정주定住하는 시대였다. 그래서 베이비부머와 X세대는 '소속'이 중요했다. 하지만 밀레니얼이 살아온 시기는 끊임없이 이동하는 유목遊牧, 즉 '노마드nomad'의 시대였다. 유목하듯 끊임없이 흘러가는 사회에서는 소속된 집단보다는 자기 자신, 개체가 중요해진다. 그래서 그 자신이 '좋아하는 것'은 스스로를 규정할 때 무척 중요한 요소가 된다.

이 점을 이해하는 것은 매우 중요하다. 왜 밀레니얼이 결혼을 늦게 하고, '덕질'이라고 부르는 취미 생활에 몰두하고, 느슨한 연대를 선호하며, 공유에 열광하는지를 설명해주는 뿌리가 되는 원인이기 때문이다.

이들은 연결을 통해 기회를 공유하고, 기회를 공유함으로써 자아를 확장시킨다. 시간과 공간의 제약을 받는 웹 대신 앱을 사용해 늘 온라인 상태를 유지한다. 가치는 실시간으로 공유되고 주장은 급속하게 확산된다. 이렇게 공유된 가치는 실현 가능성이 높다. 밀레니얼이 스마트폰이라는 막강한 무기를 들고, 사회에서 목소리를 높이고 있는 이유다.

NEWYORK

@로어 맨해튼: 공유경제의 빛과 어둠

밀레니얼은 공유하는 데 거리낌이 없다.
우버Uber나 에어비앤비Airbnb의 성공은 기성세대가 보기엔 놀라운
일이다. 생전 모르던 사람의 차를 타고, 심지어 그의 집에 들어가 잔다는
것이 불안하기도 할 텐데, 별로 꺼려하지 않는다. 왜 그럴까?
스마트폰의 앱으로 수요와 공급을 연결시키는 플랫폼이 가능해진 것이
가장 큰 이유이지만, 앞에서 말한 연결의 가치를 추종하고 댓글의 힘을
믿는 밀레니얼의 특성도 중요한 한몫을 했다. 오랜 1자녀 정책으로
형제나 사촌이 없는 중국의 밀레니얼이 더욱 공유에 열광하는 현상은
시사하는 점이 크다.
뉴욕은 공유의 도시다. 아파트를 공유하고 자동차를 공유하고
사무실을 공유하고 자전거를 공유한다. '공유의 천국'이라 해도 지나치지
않을 정도다. 하필이면 왜 뉴욕에서 공유경제가 활발해진 걸까?
그 배경에는 역시 밀레니얼이 있다. 실용의 가치와 실천의 윤리로 무장한
이 세대가 뉴욕의 풍경을 바꾸고 있다. 밀레니얼의 소비는 단순한

지출 행위가 아니라 생각을 실천하는 행위다. 불매 운동을 통해 세상의 잘못에 대항하고, 환경친화적 제품을 구매해 지구 온난화를 염려하며, 채식을 통해 윤리적 가치를 실천한다. 공유는 편리성의 문제이기 이전에 이들이 추구하는 연결이라는 가치 실천의 문제다.

그럼에도 불구하고 공유경제는 아직 뜨거운 감자다. 위워크WeWork나 우버 등이 대표하는 공유경제는 한때 모든 미디어의 찬사를 받았지만, 지금은 그 못지않은 질타를 받고 있다. 위워크는 주주 자본주의의 대안 모델이었으나, 이제는 플랫폼이니 공유경제니 하는 그럴싸한 껍데기를 쓴 재임대(말하자면 '전전세') 사업으로 전락했다. 혁신과 속 빈 강정을 오가는 사이 기업가치는 470억 달러(약 56조 원)에서 80억 달러(약 9조 원)로 고꾸라졌다. 2019년 9월 기업공개IPO 계획을 철회한 뒤 대량 감원 계획이 발표되었는데 11월에 감축이 시작되었고, 11월 18일 뉴욕 검찰이 창업자이자 전 CEO 애덤 뉴먼을 수사하기로 결정했다는 뉴스가 나왔다.

하지만 적어도 트렌드의 영역에서는 위워크가 공유경제냐 아니냐가 문제의 핵심이 아니다. 산업화 시대에도 어떤 비즈니스 모델은 성공했고 어떤 비즈니스 모델은 실패했다. 문제는 "밀레니얼은 왜 공유경제에 열광하는가"를 이해하는 것이다. 그래야 앞으로 이러한 메가 트렌드 속에서 성공할 공유 비즈니스 모델을 점칠 수 있다. 공유 공간 안에서 어떤 일들이 벌어지고 있는가를 이해해야 한다. 의미 있고 재미있는 일들이 벌어지고 있다면 외형은 얼마든지 만들고 고치고 바꾸면 되기

NEWYORK

때문이다. 지금 존재하는 다양한 공유 비즈니스 모델은 완성형이 아니라 원형에 가깝다. 그런 점에서 위워크의 실패를 공유경제 패러다임의 실패로 보는 것은 성급하다.

평가야 어떻든 '원조 위워크'의 모습을 보고 싶어 로어 맨해튼에 있는 위워크 사무실을 찾았다.

레이철 사이먼은 첼시마켓에서 처음 만났다. 레이철은 첼시마켓에서 유명한 '비건 아이스크림' 가게 '시드앤밀'의 창업자다. 뒤에 설명하겠지만, 레이철은 비건을 위한 아이스크림을 만들기 위해 유지방 대신 참깨 기름을 사용한다. 첼시마켓에서 비건 아이스크림을 먹으며 여러 가지 이야기를 나누었는데, 사무실이 위워크에 있다고 해서 위워크의 시드앤밀 사무실에서 다시 만나기로 했다.

"이 도시는 에너지로 가득해요. 실험으로 가득하고 호기심으로 가득해요. 무엇보다 장벽을 허물려는 사람들로 가득해요."

"위워크의 분위기를 말씀하시는 것 같군요. 위워크의 푸드랩스가 지금까지 많이 도움이 되었나요?"

"이 커뮤니티는 최고였어요. 저처럼 적은 인원으로 작은 규모의 사업을 하는 이들은 한 사람이 여러 가지 일을 동시에 해야 하는 경우가 많아요. 푸드랩스의 매니저팀과 리더십팀은 수없이 많은 교육을 통해 제게 아주 귀한 교훈과 도움들을 주었어요. 덕분에 백지에서 시작한다는 느낌도, 혼자라는 생각도 들지 않았어요."

"당신에게 좋은 기회가 되었겠네요. 다행이에요."

NEWYORK

NEWYORK

'Always do what you love.' 위워크 사무실에서 많이 볼 수 있는 표어다.
위워크는 단지 공간을 빌려주는 것이 아니라 자신이 좋아하는 일을 하라고,
즉 '일하는 방식'을 바꾸라고 홍보한다.
최근 강도 높은 노동을 권유한다는 비판을 받으면서 소위 '허슬'에 대해서는 강조하지 않는 것으로 바뀌었다.
위리브에서 제공하는 모든 편의시설의 이용료는 렌트비에 포함되어 있다.
당연히 세탁기 사용도 무료.
위리브의 세탁실에는 간단한 게임기, 당구대 등 간단한 오락 공간도 마련돼 있다.

"위워크에 사무실을 열기로 결정한 것부터가 제겐 기회였어요. 맨해튼에서는 사무실을 구하기가 너무 어려웠거든요. 무엇보다 임대료가 너무 비싸서요. 저희 회사는 매우 적은 인원으로 운영되지만 이들 하나하나는 모두 꼭 필요한 전문인력이에요. 제게는 이들이 맘껏 일할 수 있는 공간이 필요했어요. 그런데 위워크를 통해 나름 합리적인 가격에 공간을 구할 수 있었어요. 커뮤니티에서 교류하다 보니 다양한 사람들에게 많은 걸 배울 수도 있었어요. 새로운 사업 기회 혹은 아이디어가 생기기도 했고요."

위워크 비즈니스 모델이 참된 공유인지 공유를 가장한 '전전대'인지는 레이첼에게 중요하지 않았다. 합리적인 임대료로 좋은 인력이 차고 넘치는 맨해튼에 사무실을 얻고, 소중한 경험과 정보를 나눌 최고의 커뮤니티를 가질 수 있다는 것, 그것이 그가 누린 공유의 진짜 혜택이었다.

이 점을 일반화하면, 밀레니얼이 공유에 몰두하는 배경에는 훨씬 더 근원적인 이유가 있다는 사실을 알 수 있다. 이들의 욕망은 그 어느 때보다 부풀었는데 자원은 오히려 전세대보다 쪼그라들었다는 점이다.

기성세대는 TV를 보며 세상을 배웠다. TV 속 스타가 선망의 대상이었고, 그들의 라이프스타일을 따라 하려고 애썼다. 반면 밀레니얼은 다양한 SNS를 통해 나라 안팎의 수많은 동년배와 소통하면서 과시하고 선망하며 추종한다. 그 결과, TV나 라디오로 타인의 삶을 훔쳐보던 부모와는 다른 삶을 살게 됐다. 24시간 쉬지 않고

타인의 일상을 관음하며 비교한다. 이들의 욕망은 그 어느 세대보다
부풀어 오를 수밖에 없다. 뭔가 하고 싶은 소비의 욕망이 과거
TV 시대와는 비교할 수 없을 만큼 크다. 하지만 이들이 지출할 수 있는
자원은 쪼그라들었다. 부족한 자원으로 자신의 욕망을 버텨야 하는
상황이 온 것이다. 그 하나의 방법이 공유다. 예전엔 돈이 부족하면
참거나 저축했지만, 이제는 미루지 않는다. 공유로 해결한다.
공유 산업이 급성장할 수 있었던 세대적·시대적 배경이다.

　　자본주의가 세상에 나온 건 아무리 짧게 잡아도 200~300년 전이다.
공유경제는 이제 갓 10년쯤 되었다. 견고한 자본주의의 틈을 비집고
싹을 틔워 자본주의의 규칙을 따르면서 경쟁이 치열한 시장에
자리 잡기란 쉽지 않은 일이다. 지금의 '공유기업'들이 저지르는 실수를
토대로 앞으로 더 건강하고 획기적인 모델들이 나올 것이다.
그것을 뭐라 부르건 간에. 특히 뉴욕이라면 더욱더 그렇다.
세계적인 도시이기에 다양한 인종과 문화가 공존하고, 덕분에
다양성의 가치를 소중하게 여길 줄 아는 데다, 역설적으로 가치 있는
기업에 투자를 아끼지 않는 자본주의의 심장이기 때문이다.

@메이드바이위: 작고 가까운 연대

　그리니치 빌리지와 미드 타운 맨해튼의 중간쯤, 플랫아이언 빌딩에서
멀지 않은 곳에 위워크에서 운영하는 '메이드바이위MadeByWe'라는
공간이 있다. 위워크가 기업을 위한 공간이라면 이곳은 개인을 위한
장소다. 안락한 카페 같은 곳으로, 머무른 시간 단위로 돈을 낸다.
요즘 우리나라에서도 쉽게 볼 수 있는 '스터디카페'와 비슷한데,
훨씬 더 세련된 모습이다.

　새로운 공유의 모습을 보기 위해 이른 저녁 메이드바이위에 들렀다.
로비 빈 공간에 한 여성이 기타를 둘러메고 나왔다. 사회자의 소개에
이어 생각지 않은 라이브 공연이 열렸다.

　사람들은 공연이 있을 거라는 사실은 알고 있었던 듯 놀라지 않았지만
여기저기서 수군거리는 걸 보니 누가 공연을 하는지까지는 몰랐던
모양이다. 노래가 시작되자 사람들은 자연스럽게 공연에 빠져들었다.
전문 공연장이 아니라 좋은 소리를 전하는 데는 한계가 있었지만
가수와 관객의 물리적·정서적 거리는 감동을 전하기에 부족함이

없었다. 더구나 청중은 편한 옷차림의 젊은이들이었다. 혼자 혹은
삼삼오오 짝을 짓고, 손에는 각자 좋아하는 와인을 한 병씩 들고 와서
나눠 마시며 음악을 즐기는 모습이 신선했다.

카페에서 공연을? 이 상황이 궁금해 가수를 소개했던 여성을 만났다.
재클린 리치는 에너지와 웃음이 넘쳤다.

"안녕하세요. 재클린 리치예요. 소파Sofar쇼에서 자원봉사를
하고 있어요."

"소파쇼를 간단히 소개해주세요."

"소파쇼는 소파사운즈에서 준비한 쇼예요. 소파Sofar는 'Songs From
A Room'을 줄인 말이에요. 작은 방에서 듣는 음악이란 뜻이죠.
사전에 장소와 시간만 알려주고 사람들을 모아요. 누가 나오는지는
아무도 모르지요."

"공연자가 누구인지 모른다고요? 음악에 대한 취향이 있는데,
누가 나오는지 알아야 갈지 말지 결정할 수 있지 않나요?"

"맞아요. 음악은 취향의 영향을 크게 받는 분야임이 분명하죠.
하지만 소파 쇼를 보러 오는 분들은 새로운 걸 경험하고 다른 배경과
다른 취향을 가진 이들과 교류하고 싶어서 오지요. 이들에게는 새로운
경험이 무엇보다 중요해요."

"말하자면 미스터리 콘서트군요. 멋진데요. 이런 공연을 한 지
얼마나 되었나요? 한국에도 이런 공연을 하는 곳이 있다면 한 번쯤
가보고 싶네요."

NEWYORK

공연이 열린 장소는 위워크의 비회원제 오피스인 메이드바이위Madebywe.
입장권을 구매해야 출입할 수 있다.
소파쇼는 공연장이 아닌 장소에서 열린다는 것이 큰 특징이다.
이날 저녁에도 많은 뉴욕의 젊은이들이 모여들었다.

"서울에도 있어요. 확인해보세요. 세계 130개 도시에서 소파쇼가 열려요. 어디에나 노래를 부를 사람과 들을 사람, 이들이 모일 작은 공간은 있으니까요. 아, 저희는 10년 정도 되었어요."

"한 도시에서 보통 몇 번 정도 공연을 하나요? 1주일이든 한 달이든 특정 기간 동안."

"뉴욕에서는 한 달에 80~90번 정도 해요. 7월에는 86번, 8월에는 92번 했네요."

"아티스트는 누가 나오나요? 어떻게 섭외하죠?"

"주로 현지의 재능 있는 아티스트와 함께하려고 해요. 아티스트가 어떤 지역을 투어 중이라면 초대하려고 노력하죠."

"공연을 많이 한다는 건 그만큼 찾는 사람이 많다는 뜻인데, 소파쇼의 매력은 뭐라고 보시나요?"

"말씀하신 것처럼 미스터리도 매력 중 하나예요. 어떤 경험을 할지 모른다는 긴장과 기대감. 가장 중요한 건 누군가의 거실에 편하게 앉아서 바로 몇 미터 앞에서 아티스트의 음악을 즐기면서 감정을 느낄 수 있다는 거죠. 음악이 줄 수 있는 가장 기본적인 감동을 가장 깊게 전한다고 할까요."

"유명한 가수들도 오나요? 현실적으로 힘들겠죠?"

"오기도 해요. 좀 알려진 뮤지션들 중에도 저희랑 공연하고 싶어 하는 분이 많아요. 몇 년 전 앰네스티와 함께 하루에 300개 공연을 하는 프로젝트를 진행했어요. 그때 에드 시런이 나왔죠. 우리와 공연한

이날 행사 진행을 맡은 재클린 리치는 소파Sofar쇼에서 자원봉사를 하고 있다.
소파사운즈는 공연 장소는 전날, 출연할 아티스트는 당일 현장에서 공개되는
미스터리 음악 이벤트로 우리나라에도 진출했다.

아티스트가 유명해지기도 해요. 빌리 아일리시는 유명해지기 전에
저희와 공연을 했어요."

"에드 시런! 대단한데요. 오늘 공연도 즐겁게 잘 봤어요. 마치 잘
준비된 플래시몹 같다는 느낌이 들더군요."

"아! 맞아요. 잘 준비된 플래시몹! 좋은 표현이에요. 써먹어야겠네요.
뭔가 예상하지 못한 것이 주변에서 시작되고 진행되는 느낌!"

"좋은 공연을 알게 돼서 무척 기뻐요. 서울에 가서도 소파쇼에 한번
가볼게요. 공연 즐거웠어요. 고마워요."

"남은 공연도 즐기세요. 서울에서 만나요."

뉴욕은 '브로드웨이'로 상징되는, 세계 최고의 공연 문화를 자랑하는
곳이다. 지하철로 몇 정거장만 가면 세계적인 공연이 이뤄지는 곳에서
누가 출연하는지도 모르는 블라인드 공연을 찾는 뉴욕의 밀레니얼을
어떻게 이해해야 할까? 한국에서도 비슷한 경우를 찾아볼 수 있다.
서울 중심가의 세종문화회관이나 예술의 전당에서 열리는
유명한 콘서트보다 집 근처의 작은 책방이나 살롱에서 열리는
소규모의 모임을 더 선호한다. 시내 중심가의 유흥가보다
세로수길·망리단길 언트럴파크 등 자기 주변의 명소를 더 신호한다.
이름 없는 소파쇼가 세계 곳곳에서 성공할 수 있는 이유다.

최근 밀레니얼이 비교적 외부 활동이 많았던 기성세대보다
'넷플릭스' 등을 보며 집에서 더 많은 시간을 보내는 탓에
극장·공연·전시계에 비상이 걸렸다는 뉴스가 들리기도 했다. 예전엔

지하철을 타고 빨리 멀리 이동할 수 있는 '역세권'이 인기였는데, 요즘에는 슬리퍼를 신고 돌아다닐 수 있는 '슬세권'이라는 말이 유행이다. 패션도 지나치게 꾸미지 않은, 집 근처에서나 입을 법한 '원마일 웨어'가 인기다. 이처럼 밀레니얼은 작은 것, 근처의 것을 좋아한다.

왜 그럴까? 밀레니얼은 남들이 다 하는 일에 합류하는 것보다는 자기 주변의 작은 연대에 더 관심이 많다. 이는 어쩌면 반작용인지도 모른다. 인터넷과 SNS로 전 세계와 소통하기 때문에, 실제로 몸이 움직이는 오프라인 만남은 가깝고 친근한 것을 선호하는 것이다. 대규모 유명 공연에서 군중 속에 묻히기보다는 스스로 주체적으로 자기 의견을 밝히고 세분화된 취향을 만족시킬 수 있는 근처의 작은 살롱 문화를 만들어 나가는 식이다. 그래서 그런지 우리나라에서도 밀레니얼을 중심으로 한 작은 모임이 폭발적으로 늘어나고, 이들의 오프라인 미팅을 위한 새로운 개념의 만남 공간이 증가하고 있다. '작은 연대'가 밀레니얼에게 주는 의미는 결코 작지 않다.

@브루클린: 새로운 소비철학의 시작

    경제적 관점에서 바라본 밀레니얼은 부모 세대보다 못사는 세대다. 밀레니얼의 부모인 베이비붐 세대는 급속한 경제성장기의 주역이었다. 덕분에 자식인 밀레니얼은 풍요로운 환경에서 자랄 수 있었다. 앞서 이야기했듯, PC와 인터넷을 어려서부터 접했고 어른이 되었을 무렵엔 아이폰이 나왔다. 세상은 연결될 수 있는 게 아니라 늘 연결되어 있었다.

    아이폰이 세상에 나온 이듬해 금융 위기가 터졌다. 금융 위기 이후 세계 경제의 잠재성장률은 하강일로다. 비례해서 실업률은 높아만 갔다. 상대적으로 부유한 부모를 둔 밀레니얼이 아무 일자리나 덥석 잡을 리 없다. 베이비붐 세대의 경제 성장 따위는 앞으로 없을 것이라는 사실을 이들도 알고 있다. 기술 발전 속도는 증가하지만 경제 성장 속도는 낮아진다. 기술이 사람을 대체한 지 오래다. 요컨대, 경제 성장은 어렵고 일자리는 줄었다. 밀레니얼은 어디서 어떻게 생존해야 할까?

    밀레니얼이 내놓은 하나의 대안은 'F.I.R.E.'다.

'Financial Independence Retire Early', 경제적으로 독립해
일찍 은퇴한다는 의미다. "바짝 벌어 편히 살겠다"는 말로 읽히기도
한다. 적어도 베이비부머 입장에서 보면 그렇다. 이 운동을 시작한
그랜트 사바티어를 브루클린에서 만났다. 그는 자신의 책
『파이낸셜 프리덤Financial Freedom』에 썼듯이 5년 동안 100만 달러를
모으고 바로 회사를 그만뒀다. 백만장자의 방으로는 보이지 않는
작고 단정한 그의 집에서 책과 그 뒷이야기를 들었다.

"책의 내용을 간단히 소개해주겠어요?"

"돈을 말하고 있지만 사실은 시간에 대해 이야기하는 책이에요.
시간이 돈보다 중요하다는 거죠. 앞으로 나에게 주어질 시간을
생각해봐야 합니다. 어떻게 살고 싶은지."

"그럼 이 책은 돈보다는 행복에 대해 말하는 것이라고 봐도 될까요?"

"네, 맞아요. 돈은 자신이 사랑하는 삶을 살도록 해주는 조건일
뿐이에요. 원하는 삶을 유지하려면 예산이 있어야 하니까요.
원하는 삶을 생각하고 그에 필요한 돈을 계산해서 그 예산을 마련하자는
겁니다. 미래는 예측할 수 없어요. 예측 가능성은 현재가 가장 높죠.
알 수 없는 미래에 기대지 말고 잘 알고 있는 현재에 예산을 마련하자,
이런 이야기예요."

"당신의 경우는 어땠나요?
듣기로는 필요한 예산을 다 마련했다던데요."

"말씀드렸듯이 자신을 잘 알수록 돈과의 관계는 쉬워져요. 저는 먼저

제 인생에서 저를 행복하게 만드는 것들의 목록을 만들어봤어요.
주말에 개와 산책하기, 친구들과 기타 치기, 글쓰기, 책 읽기 등이
포함됐지요. 사실 이런 일을 하는데는 그렇게 많은 돈이 들지 않아요.
다른 사람들도 마찬가지일 거예요. 우리를 행복하게 하는 건 돈이 많이
들지 않아요. 그런데 사람들은, 특히 미국 사람들은 쉬운 것, 보이는 것을
추구하죠. 더 많은 돈과 높은 자리로의 승진 같은 것 말이에요.”

　“유발 하라리가 『초예측未·を·む』에서 그랬죠. 인류는 석기시대에
비해 수천 배 이상의 힘을 손에 넣었지만 그만큼 행복해지진 않았다고.
힘을 얻는 데는 뛰어난 소질이 있지만 힘을 행복으로 전환할 줄 모른다고
했지요. 힘을 돈으로 바꿔도 통하는 이야기라고 생각해요.”

　“네, 맞아요. 제가 주장하는 파이어FIRE 운동의 본질은 자신만의
기준으로 인생을 살자는 거예요.”

　“하던 이야기로 돌아와볼까요? 예산을 얼마로 잡았나요? 아니,
얼마나 모았나요?”

　“5년 동안 100만 달러(11억 7000만 원)를 모았어요.”

　“엄청나게 아꼈군요. 구체적인 방법이 궁금해요.”

　“핵심은 아끼는 게 아니에요. 돈을 모으려면 세 가지를 정확하게
알아야 해요. 얼마를 버는지, 얼마를 쓰는지 알아야 하죠. 사고 싶은 게
아니라 꼭 필요한 걸 사야 하는 거예요. 이런 점에서는 아낀다는 표현도
맞아요. 여기서 필요하다는 건 생존에 필요하다는 것뿐 아니라 나를
행복하게 하는 데 필요하다는 뜻이기도 해요. 그런 점에서 마냥 아끼기만

해야 한다는 건 아니에요. 써야 할 돈이라면 최대한 활용하고, 최대의
행복을 추구해야 하죠. 저축이 중요하지만 지금의 행복을 포기할 정도로
중요한 건 아니니까요. 그래서 저는 무조건 아껴서 저축하기보다 더 많이
버는 방법을 택했어요."

"마지막 하나는 뭔가요?"

"수입에서 지출을 뺀 금액, 즉 저축할 돈을 투자하는 거예요.
워런 버핏은 이렇게 말했어요. '내가 자는 동안에 돈을 버는 구조를
만들지 못하면 평생 일해야 한다.' 투자는 제가 자는 동안 돈을 벌 수
있는 가장 좋은 방법이에요. 저도 일해서 번 돈보다 자는 동안 벌린 돈이
더 많아요. 버핏은 자면서 시간당 150만 달러를 벌었다죠?"

"지출을 최소화하는 게 아니라 투자를 최대한 활용한다는 이야기가
흥미롭네요. 마지막으로 하나만 더 물어볼게요. 당신은
밀레니얼이잖아요. 홈페이지 이름도 밀레니얼머니닷컴이더라고요.
FIRE 운동을 생각하게 된 계기가 있나요? 아끼고 투자해 돈을 모아
일찍 은퇴한다는 생각을 베이비붐 세대는 하지 못하거든요."

"저희 부모님은 늘 돈 때문에 스트레스를 받으셨어요. 주변 어른들도
마찬가지였죠. 아버지가 나이가 들면서 당신의 꿈이 사라졌다고 하신
적이 있어요. 그때 깨달은 게 있어요. '나는 인생을 환갑에 시작하지
않겠다.' 게다가 우리는 디지털 원주민이잖아요. 온라인으로 돈을
벌 수 있는 기회가 아주 많지요. 이건 계기가 아니라 밀레니얼의
장점이라고 할 수 있겠네요."

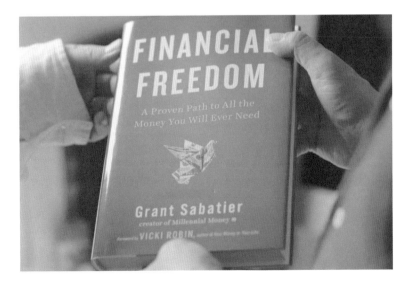

그랜트 사바티어는 그의 블로그를 통해 유명세를 타기 시작했다.
1000만 구독자를 보유하고 있으며 현재도 파이어를 꿈꾸는 사람들과 왕성히 소통하고 있다.
주소는 'http://millenialmoney.com.'
그랜트의 팟캐스트는 주로 파이어에 도전하는 사람들을 초대해 대담하면서
어떤 부업이 좋은지 사람들이 파이어에 대해 오해하는 게 어떤 부분인지를 다룬다.
그랜트의 저서인 『파이낸셜 프리덤』은 최대한 빠르고 많이 돈을 벌어서 조기 은퇴하는 방법을 공개한 책으로
우리나라에서도 번역·출간됐다.

"돈에 대한 새로운 시선과 감각이 제겐 아주 신선했습니다. 밀레니얼 뉴요커에게 많은 걸 배우고 갑니다. 시간 내주셔서 고맙습니다."

그랜트와의 인터뷰를 준비하며 가장 궁금했던 것은 "그렇게 빨리 은퇴해서 도대체 뭘 하려는 것일까?" 하는 점이었다. 수명이 길어져서 60세에 은퇴해도 20~30년은 더 사는 시대가 됐다. 충분한 시간이 있는데 무엇이 그렇게 조급한지 무척 궁금했다. 그의 대답은 은퇴해서 여가와 취미 생활을 즐기겠다는 것이 아니었다. "진정 하고 싶은 일을 하고 싶다"는 것이었다. 그 진정 하고 싶은 일이 무엇인지 물었더니 의외의 답이 돌아왔다.

"저는 제가 성장한다고 느낄 때 가장 행복합니다. 저는 다른 사람들에게 선한 영향력을 미치는 것이 제일 좋습니다. 책을 쓰고 세계를 돌아다니며 강연을 하고 싶었습니다. 지금 그렇게 됐지요."

잘하는 일로 죽어라 돈을 모아서 빨리 은퇴하고, 그 이후에는 하고 싶은 일을 하겠다는 것은 그런 의미였다. 그냥 쉬고 놀고 싶다는 욕망의 표현이 아니었던 것이다.

반전은 마지막에 있었다. 은퇴하고 나서 책이나 강연으로 벌어들이는 수입이 현역 시절 모은 것보다 훨씬 더 많다는 것이다.

그는 행운아다. 하고 싶은 일을 하면서 큰 돈을 벌고 있다. 물론 그것은 그것을 위해 초절약하며 투자한 기간이 있었기에 가능한 것이었다.

그는 어떤 인생을 살고 싶은지 스스로에게 물어보라고 조언했다.

"나는 인생을 환갑에 시작하지 않겠다."

그의 마지막 한마디가 아주 오랫동안 뇌리에서 떠나지 않았다.

작은 맺음말: 밀레니얼에게 배워라

촬영을 마치고 호텔로 돌아오는 차 안에서 어느 촬영감독이 혼잣말을 했다. "아까 찍은 그 친구는 조금 이상한 것 같아." 어쩌면 지금까지, 혹은 앞으로 등장할 뉴욕의 밀레니얼들이 극히 일부 사례나 아주 특이한 예외적 사례일 뿐이라고 말할 사람이 있을지도 모르겠다.

하지만 이런 자세로 접근하면 문제의 본질에 다가서기 어렵다.

해답을 얻기 위한 첫출발은 이해다. 밀레니얼의 새로운 사고방식을 그냥 독특하다고 보는 것이 아니라, 이들이 이렇게 할 수밖에 없었던 성장 배경, 경제적·기술적 환경, 그리고 상황적 여건을 모두 고려해 그 특성의 당위성을 인정할 때, 비로소 밀레니얼을 이해하고 이들이 만들어내는 트렌드의 본질과 방향성을 도출해낼 수 있다.

앞서 말했듯 밀레니얼은 부모 세대보다 가난한 첫 세대다.

나쁘게 말하면 좌절의 세대고, 좋게 말하면 부모에게 기댈 수 있는 세대다. 욕망은 부풀었지만 자원은 쪼그라든 세대다. "내일이 오늘보다 밝지 못할 것"이라는 저성장의 패러다임을 당연히 받아들이고 생활한다. 하지만 어렸을 때부터 디지털 미디어를 능숙하게 사용해왔다. 이러한 현실적 조건들이 이들의 행동을, 어쩌면 기성세대가 보기에는 '이상한' 행동을 하게 만들었다. 앞으로 등장할 사례 역시, 어쩌면 밀레니얼만의 현실 인식에 입각한 '가장 합리적인' 대처 방식일 것이다. 그러므로 문제의 핵심은 "이들이 무엇을 하고 있느냐"에서 한 걸음 더 나아가, "이들이 이렇게 행동할 수 밖에 없는 필연적인 이유는 무엇인가?"를 묻는 것이다. 그래야만 이해와 대응이 가능하다.

나아가 밀레니얼의 방식을 배워야 한다. '구찌Gucci'는 그 좋은 예다. 한때 잘나가던 명품 브랜드 구찌는 2010년대 들어서면서 젊은 세대에게 '엄마 백'으로 치부되기 시작했다. 비싸기만 했지 왠지 구닥다리 같고 촌스럽다고 느껴졌던 것. 2015년 마르코 비자리가 CEO로 부임하면서 모든 것이 바뀌었다. 사내의 무명 디자이너 알렉산드로 미켈레를 크리에이티브 디렉터로 발탁하고 구찌 디자인의 일대 혁신을 모색한 것. '역 멘토링reverse mentoring' 제도도 만들었다. 조직에서 멘토링은 상급자가 하급자에게 하는 게 일반적이다. 하지만 구찌에서는 젊은 직원이 멘토가 되어 조직의 고위 임원에게 밀레니얼의 사고방식과 트렌드를 이해시킨다.

더욱 놀라운 것은 '그림자위원회'의 역할이다. 이 위원회는 35세 이하 직원들로 구성됐는데, 임원 회의에서 결정된 사항을 그림자위원회에서 다시 토론했다. 남녀 구분을 모호하게 하는 성중립적 패션이나 인조 모피를 적극적으로 활용한 것도 이 그림자위원회에서 나온 아이디어였다.

이후 역 멘토링 제도는 IBM·GM·마이크로소프트·마스터카드 등 많은 기업에서 벤치마킹했고, 우리나라에서도 CGV·LG유플러스·우리은행 같은 기업에서 시행하고 있다.

사실 역 멘토링 제도는 어떻게 밀레니얼을 이해할 것인가에 대한 하나의 예화일 뿐이다. 고객으로서나 내부 직원으로서나 밀레니얼을 품는 자가 트렌드리더가 될 수 있다는 절박한 현실 인식에서 나온 자구책이다.

밀레니얼은 바로 가까운 미래의 한국 소비 시장을 이끌고 갈 새로운 동력이다. 이들에게 배워야 한다.

NEWYORK

WELCOME TO THE
KINGDOM OF SKYSCRAPER

WELCOME TO THE
KINGDOM OF SKYSCRAPER

세상에서 가장 찬란한 일몰도 뉴욕의 스카이라인과는 바꾸지 않을 것이다.
특히 세세한 부분을 볼 수 없을 때.
그저 그 스카이라인의 형태. 그 형태와 그것을 만들어낸 생각.
뉴욕 위의 하늘과 가시화된 인간의 의지.
이것 말고 우리에게 또 다른 종교가 필요한가?

아인 랜드, 작가

미국의 도시들은 대로블 스트리트와 에버뉴라고 불리는 가로세로의 도로가 직각으로 만난다. 우유 맨해튼도 예외가 아니지만 약간 더 특별하다. 브로드웨이Broadway라는 길이 도시 전체를 사선으로 비스듬하게 가로지른다. 신호등 빨간불에 경쾌하게 횡단보도를 건너는 뉴요커를 닮았다. 그래서 맨해튼에는 직사각형이 아닌 '타원형'의 대재르운 공간이 도시 곳곳에 생겨났다. 브로드웨이는 세로축을 만날 때마다 공원이나 광장을 만들고 6번가를 넘을 땐 그릴리스퀘어파크 3번가를 그 사람들은 맨해튼의 남쪽이라 땅을 미드 타운이다. 월스트리트부터 리틀 이탈리아까지 이어져 있는 맨해튼은 비즈니스 구역이며 이민자 지역으로 목적성이 분명해 유동인구에 한계가 있는 반면, 미드 타운부터는 유흥·문화·패션·대학교까지 복합적인 융합이 역동적으로 시작된다. 미드 타운의 시작을 알리는 랜드마크가 바로 플래티어인 빌딩Flat Iron Building이다.

플래티어인 빌딩

엠파이어 스테이트 빌딩은 이후 40년 동안 세계 최고의 빌딩 자리를 장기 독점하며 〈러브 어페어〉·〈킹콩〉·〈시애틀의 잠 못 이루는 밤〉 등 수많은 영화의 무대가 됐다. 1972년 세계무역센터가 올라가면서 타이틀을 빼앗겼지만 9·11테러로 세계무역센터가 무너지고 다시 세계에서 가장 높은 빌딩이 되어 여전히 '초고층 빌딩'의 대명사로 받아들여지고 있다. 2019년 현재도 엠파이어 스테이트 빌딩과 크라이 맨해튼의 스카이라인과 야경에서 독보적인 존재감을 자랑한 시간 넘게 기다렸다가 임장하는 가장 각광받은 관광지로 세자지면 다양한 조명색으로 변신하며 주요 기념일마다 독특한 색깔로 존재감을 드러낸다. 예를 들면 유방암의 날엔 핑크색으로 변신하는 식이다. 하나의 건물이 시대와 지역을 넘어 한 도시의 상징으로 부각되면서 자부심은 물론, 돈가지 벌어 주고 있다.

엠파이어 스테이트 빌딩

...기의 아이콘은 어떤 건물일까? ...는...

...쪽에 있는 '그곳'으로 향했다. 허드슨 야드다. 허드슨...

...부터 34번가까지 6...

...달러를 투입해 초고층 ...16동이...

허드슨 야드

...어서는 초대형 재개발 프로젝트... 일대 '웨스트사이드 프로젝트'다. 얼마전 우리나라 신문에 "미국 ...에

관심 있는 분은 허드슨 야드 ...부동산에 투자하세요"라는 광고가 나붙었었다. 지금도 허드슨 야드는 공사 중이다.

'원스 어폰 어 타임 인 아메리카Once Upon a T... 추억을 쌓길 원하기는 ... 흑갈

색 세피아톤이...다. 음산한 골목 사이로 소녀들이 뛰... 영화도 재미있지만, 포스터

의 미장센이 강렬했다 ...그래서일까 ...이 사진이 딸린 ... 광택들로 늘 붐빈다. 우리 프

로그램의 예고편 마지막 장면도 그 스튜... 장면 ... 을 것이다. 덤보Dumbo는 실

덤보

제보다 그림이 훨씬 예쁘게 ... 나고' 이곳은 마천루를 가장 아

름답게 감상할 수 있는 지점이다. 덤보는 아기 코끼리 이 ...Manhattan Bridge Overpass 를 줄

여 만든 약어...다. 뉴욕을 여행하는 이들이 꼭 찾는다는 ...트와 워터스트리트가 만나는 곳

이다. 길 양쪽으로 빨간벽돌의 오래된 건물이 마주보고 저 ...시에는 브리지가 보인다. 이곳의 멋을 제대

로 담으려면 맨해튼 브리지 하부로 교각 사이로 멀리 엔파이어스 ...레이트 빌딩이 보여야 한다.

시티 임파서블, 마천루의 미래

#마천루 #소호 #플랫아이언 #덤보 #베슬 #허드슨야드

뉴욕을 배경으로 한 서스펜스 영화에 자주 등장하는 장면이 있다.
'직부감'이라고 해서 하늘에서 90도 각도로 맨해튼을 내려찍는 것인데,
촘촘한 빌딩 사이로 노란 택시들이 오고가는 풍경이 무척 인상적이다.
이번 촬영에서 두 눈으로 그 맨해튼 직부감을 감상할 기회를 잡았다.
뉴욕 항공샷을 찍기 위해 헬기를 타는 호사를 누린 것이다.
하늘에서 본 맨해튼은 장관이라기보다는 생경했다. 하늘로 치솟은
고층 빌딩의 조망은 마치 3D 구글맵처럼 자연 경관과는 다른 '시각적
충격'을 주었다. 하늘에서 보면 맨해튼이 정말 얼마나 많은 고층
빌딩으로 꽉 차 있는지 실감할 수 있다.

센트럴 파크 등 중간중간 녹지가 보이지만, 공간이란 공간에는
모두 작든 크든 건물을 지어놨다.

맨해튼은 섬이다. 도시가 평면적으로 확장하는 데 분명한 제한이
있다. 그런데 인구가 계속 늘어나 공간이 필요하다면? 하늘로 올라갈 수
밖에 없다. '뉴욕'이라는 말을 처음 들었을 때 사람들은 맨해튼,
그리고 마천루를 떠올린다. 마천루는 스카이스크래퍼skyscraper를 번역한
말이다. 마摩 혹은 스크레이프scrape는 긁는다는 뜻이고, 천天 혹은
스카이sky는 하늘이다. 그러니까 마천루는 "하늘을 긁을 정도로 높은
건물樓"을 뜻한다.

높은 빌딩은 많다. 세계에서 첫 번째 마천루는 시카고에, 세계에서
가장 높은 빌딩은 두바이에 있다. 중국에도 100층 이상되는 높은 빌딩이
많다. 하지만 마천루는 역시 뉴욕, 그중에서도 맨해튼이다. 개별로나
군집으로나 높이로나 아름다운 모습으로나 뉴욕을 따라올 도시가 없다.
마천루의 과거와 현재를 두루 느낄 수 있는 곳 또한 뉴욕이 유일하다.
하지만 뉴욕의 거리가 매력적인 건 마천루'가' 있기 때문이 아니라
마천루'도' 있기 때문이다. 뉴욕의 거부할 수 없는 매력인 다양성은
건축에도 고스란히 존재한다.

그럼에도 불구하고 의문점이 생긴다. 뉴욕의 다른 지역에 부지가 없는
것도 아닌데 왜 맨해튼에만 고층 빌딩이 몰려 있을까? 과밀화 문제는
차치하더라도 재난과 테러에도 취약해 보인다. 그럼에도 불구하고
계속 들어서는 빌딩들 때문에 치솟는 부동산 가격도 문제다.

NEWYORK

이 빽빽한 빌딩 숲으로 부자들은, 이민자들은, 밀레니얼들은 왜 여전히 몰려오는 것일까?

그 답을 찾기 위해선 헬기에서 내려 거리로 나가야 했다.

@플랫아이언 빌딩: 마천루 시대를 열다

굶주림과 핍박을 피해 한 번도 가보지 못한 신대륙을 향해 대서양을 건넜을 이주민들의 절박함을 생각해본다. 기긴 항해는 얼마나 지루하고 불편했을까? 그 지긋지긋한 여정 끝에 멀리 보였을 '자유의 여신상'이 어떤 의미였을지 상상이 된다. 자유의 여신상은 뉴욕 맨해튼과 뉴저지 경계의 남쪽에 있다. 그러니 이주민들이 맨해튼 남쪽부터 정착하는 것은 자연스러운 일이었다.

초기 이주민의 생활사를 보여주는 테너먼트 박물관·차이나타운·리틀이탈리아 등이 맨해튼 남쪽에 있는 것은 이런 이유에서다. 이민자들이 계속 몰려들면서 도시는 점점 북쪽으로 발전해 올라갔다.

미국의 도시들은 대부분 스트리트와 애버뉴라고 불리는 가로세로의 도로가 직각으로 만나는 모습이다. 뉴욕 맨해튼도 예외가 아니지만 약간 더 특별하다. 브로드웨이Broadway라는 길이 도시 전체를 사선으로 비스듬하게 가로지른다. 신호등에 맞춰 경쾌하게 횡단보도를 건너는 뉴요커를 닮았다. 그래서 맨해튼에는 직사각형이 아닌 다채로운 '다각형'의 공간이 도시 곳곳에 생겨났다. 브로드웨이는 애비뉴를 만날 때마다 공원이나 광장을 만들어냈다. 7번가와 만나 타임스퀘어를 만들고, 6번가를 넘을 땐 그릴리스퀘어 파크를, 5번가와 만나는 곳에선 매디슨 스퀘어 파크를 만들었다. 누구였을까? 바둑판처럼 단조로운 길 중간에 길게 사선을 그어버릴 생각을 처음한 그 사람은?

오늘날 맨해튼의 금싸라기 땅은 미드 타운이다. 월스트리트부터 리틀이탈리아까지 이어지는 로어 맨해튼은 비즈니스 구역이자 이민자 지역으로 목적성이 분명해 유동인구에 한계가 있는 반면, 미드 타운부터는 유통·문화·패션·대학교까지 본격적인 융합이 역동적으로 시작된다. 미드 타운의 시작을 알리는 랜드마크가 바로 플랫아이언 빌딩Flat Iron Building이다. 마천루의 도시 뉴욕에서 낯선 이름이고, 초고층 빌딩들이 만들어내는 스카이라인 실루엣에 나오지 못하는 '난쟁이' 빌딩이지만 날씨 좋은 날을 골라 일부러 보러 온 긴 이 건물이 뉴욕 마천루의 역사가 시작된 곳이기 때문이다.

플랫아이언은 직역하면 '납작한 다리미'란 뜻이다. 옆에서 보면 정말 그렇게 생겼다. 앞에서 보면 빌딩이 아니라 탑 같다. 반듯한 5번가와 삐딱한 브로드웨이가 잘라 구획된 땅이 마치 피자 조각처럼 앞이 뾰족한 좁은 모양이었는데, 그 땅에 건물을 올렸기 때문에 이렇게 이상한 모양의

다리미처럼 생겼다고 지어진 이름.

세로로 뻗은 애비뉴Avenue와 가로로 난 스트리트Street 사이에

사선으로 브로드웨이Broadway가 만들어지면서 생긴 지형적 한계를

창의적인 건축 미학으로 살려내 맨해튼의 랜드마크가 된 건물이다.

왼편에 쉐이크쉑 버거 본점이 위치한 매디슨 스퀘어 파크가 있다.

주변에 사무실이 많아 간단한 테이크아웃 점심식사를 판매하는 상점이 많다.

플랫아이언 빌딩 앞에 보이는 파라솔은 주변의 많은 직장인이 점심시간을 보내는 곳이다.

건물이 나왔다. 맨 앞부분은 폭이 2m에 지나지 않는다. 건물의 높이는 86.9m. 지상 21층 지하 1층 건물이다. 지상 123층 높이 555미터의 롯데월드타워를 가진 우리로선 별거 아니라고 생각할 수도 있지만, 플랫아이언 빌딩은 1902년에 세워졌다는 사실. 뉴욕에 처음 세워진 '초고층' 빌딩이다. 번화가에 나와도 죄다 5층, 기껏해야 가끔 8층 정도의 건물들이 시야를 채우던 시절, 그 서너 배 높이에 달하는, 그것도 홀쭉해서 더 높아 보이는 플랫아이언 빌딩을 보고, 사람들은 저 꼭대기에 하늘을 긁히겠다. 생각했던 모양이다. 단 한 번도 경험하거나 상상조차 하지 못한 높이였을 테니까. 이 납작한 다리미가 마천루 시대를 열었다.

사실 초고층 빌딩은 그보다 15년 전쯤 시카고에 먼저 들어섰다. 1885년 홈인슈어런스 빌딩이 시카고에 지어진 것. 1871년 시카고 대화재로 도시가 대부분 불타버린 뒤 도시를 재건하는 과정에서 당시로는 혁신적인 소재인 주철cast iron 프레임을 사용해 다른 건물의 두 배 높이를 자랑하는 건물이 지어졌다. 덧붙여 이전 시대에 비해 획기적인 발명품이 하나 더 있었으니, 바로 엘리베이터였다. 5층 이상 되면 사람이 오르내리기가 현실적으로 힘들지 않은가? 우리가 엘리베이터 브랜드로 알고 있는 오티스가 화물용 승강기 (호이스터)에 안전장치를 달아 박람회에 선보인 게 1853년이다. 4년 후인 1857년 브로드웨이 하우위트백화점에 엘리베이터가 처음 설치됐다. 이때만 해도 전기가 아니라 증기를 이용해 엘리베이터를 움직였다. 전동 엘리베이터가 등장한 건 약 30년 후다.

1902년 지어진 플랫아이언 빌딩에는 더 혁신적인 공법이 적용됐다. 이름과 달리 아이언iron(주철)이 아니라, 강철steel이 사용된 것이다. 강철은 주철보다 강도가 높아 같은 양으로도 훨씬 많은 하중을 견딘다. 플랫아이언 빌딩은 강철 골격을 처음으로 사용해 당시로서는 혁명적인 높이를 자랑했고, "저거 저러다 무너지지 않겠어?" 하는 세간의 우려에도 완공된 지 100년이 훌쩍 지난 지금까지 다리미처럼 견고하게 제자리를 지키고 있다. 1966년엔 뉴욕 시 랜드마크로, 1989년엔 미국의 역사적 랜드마크로 지정됐다.

마천루란 심리적이고 상대적인 개념이다. 그냥 높이만 높다고 되는 것이 아니다. 대한민국 기성세대에게 높은 빌딩의 대명사는 63빌딩인 것처럼 말이다. 플랫아이언 빌딩은 뉴요커에게 변함 없는 마천루의 상징으로 가슴에 새겨져 있다. 물리적 높이가 아닌 당대의 기술과 문화와 자부심의 정점에 있던 진정한 마천루로!

@엠파이어 스테이트 빌딩: 건물도 브랜딩이다

이후 마천루의 시대가 활짝 열렸다. 뉴욕 최고의 빌딩은 그 주인공이 계속 바뀌었다. 당시 '뉴욕 최고'라는 말은 '세계 최고'라는 말과 같은 뜻이었다. 1909년 메트로폴리탄 라이프보험타워가 213m를 기록하면서 최고 높이를 경신했고, 4년 만인 1913년 울워스 빌딩이 더 높이 올라갔다. 1930년 지금도 맨해튼의 스카이라인과 야경을 빛내는 크라이슬러 빌딩이 세워졌다. 300m가 훌쩍 넘는 높이도 높이이지만 지금도 '뉴욕에서 가장 우아한 마천루'라는 타이틀이 어울리는 모양새를 지녔다. 최고층 빌딩을 지어 자신의 이름을 길이 남기고자 했던 월터 크라이슬러의 바람과 달리, 크라이슬러 빌딩이 지어진 지 1년 만에 엠파이어 스테이트 빌딩이 등장했다. 자그마치 443m, 인류는 처음으로 100층이 넘는 건물을 세웠다.

엠파이어 스테이트 빌딩은 이후 40년 동안 세계 최고의 빌딩 자리를 장기 독점하며 「러브 어페어Love Affair」·「킹콩King Kong」·「시애틀의 잠 못 이루는 밤Sleepless in Seattle」 등 수많은 영화의 무대가 됐다.

NEWYORK

1972년 세계무역센터가 올라가면서 타이틀을 빼앗겼지만 9·11테러로 세계무역센터가 무너지고 다시 세계에서 가장 높은 빌딩이 되어 여전히 '초고층 빌딩'의 대명사로 받아들여지고 있다.

2019년 현재도 엠파이어 스테이트 빌딩과 크라이슬러 빌딩은 뉴욕에서 일곱 번째와 열세 번째로 높은 빌딩이며, 맨해튼의 스카이라인과 야경에서 독보적인 존재감을 자랑한다. 특히 엠파이어 스테이트 빌딩은 여전히 관광객들이 두 시간 넘게 기다렸다가 입장하는 가장 각광받은 관광지로, 해가 지면 다양한 조명색으로 변신하며 주요 기념일마다 독특한 색깔로 존재감을 드러낸다. 예를 들면 유방암의 날엔 핑크색으로 변신하는 식이다. 하나의 건물이 시대와 지역을 넘어 한 도시의 상징으로 부각되면서 자부심은 물론, 돈까지 벌어주고 있다.

엠파이어 스테이트 빌딩이 20세기 뉴욕의 아이콘이라면 21세기의 아이콘은 어떤 건물이 될까? 논란은 있겠지만 최근 그 강력한 후보자가 등장했다. 노을이 질 즈음, 맨해튼 서쪽에 있는 '그곳'으로 향했다.

허드슨 야드다. 허드슨 야드는 하이라인의 출발점인 지역이기도 하지만 지리적으로는 8번가(애비뉴) 서쪽 지역, 위아래로는 30번가부터 34번가까지 6개 블록을 가리킨다. 맨해튼의 남서쪽이다. 뉴요커들이 받아들이는 '허드슨 야드'는 2024년까지 250억 달러를 투입해 초고층 빌딩 16동이 들어서는 초대형 재개발 프로젝트를 가리킨다. 허드슨 야드 프로젝트, 일명 '웨스트사이드 프로젝트'다.

얼마전 우리나라 신문에 "미국 영주권에 관심 있는 분은

허드슨 야드 프로젝트에 투자하세요"라는 광고가 난 것을 봤다.

허드슨 야드는 지금도 공사 중이다.

　앞서 이민자들이 남쪽에 자리를 잡으며 도시가 과밀해지기 시작했고,
이어 마천루 개발이 북쪽으로 올라가면서 이뤄지기 시작했다고
언급했다. 상수도가 있으면 하수도가 있어야 하듯, 도시에도 번듯한 곳이
있으면 필연적으로 처리해야 하는 그늘이 있기 마련이다.
그런 그늘은 사람들이 싫어하기 때문에 한쪽으로 밀집한다. 맨해튼은
서쪽이 그런 역할을 맡았다. 푸줏간, 철도차량 기지, 화물 야적장 등이
서쪽에 몰린 것. 헬스키친Hell's Kitchen이나 미트 패킹 디스트릭트Meat
Packing District 같은 이름이 당시 이곳이 어떤 곳이었는지 느끼게 해준다.
그래서 맨해튼에서 '서쪽'은 어감이 좋지 않았다.

　「웨스트사이드 스토리West Side Story」라는 영화 혹은 뮤지컬을
기억하는가? 여기서 서쪽이란 의미의 웨스트사이드는 제목 자체로
"범죄와 빈곤이 만연한 서쪽 지역 웨스트사이드, 거기서 피어나는
청춘의 이야기"라는 뉘앙스를 담고 있다. 맨해튼의 웨스트사이드는
이렇게 가난하고 범죄가 많은 동네였는데, 이런 지역에 천지개벽 혹은
상전벽해라 할 만한 변화가 생긴 셈이다.
원래 허드슨 야드는 허드슨강가에 있는 넓은 공간이라는 뜻으로
철도차량 기지였다. 2005년에 계획이 시작되었으나 2008년 금융 위기로
무산될 위기에 처했다가 간신히 살아남아 현실화되고 있는 중이다.
민간 부동산 개발 역사상 최대 규모의 프로젝트라고 하는데,

2019년 3월 개장하자마자 허드슨 야드의 랜드마크가 된 베슬.
15층 높이의 도심 속 인공 산으로 2500개의 계단으로 이루어져 있으며 벌집을 연상케 한다.
베슬 아래에서 위로 올려다본 모습은 베슬 정상에서 아래를 내려다보는 것과 함께
베슬에서 느낄 수 있는 최고의 시각적 쾌감을 안겨준다.

NEWYORK

그 대표적인 프로젝트가 아트센터 '더 셰드', 100층 높이의 건물에 세모꼴로 튀어나온 야외 전망대 '뉴욕 에지', 마천루들 사이에 키도 작고 형태도 묘한 항아리처럼 생긴 '베슬'이 대표적이다. 이 가운데 우리가 찬찬히 살펴본 곳은 베슬이다.

베슬의 전체적인 외형은 고등학교 국사 시간에 배운 빗살무늬토기를 닮았다. 15층 건물 높이로 45m 정도. 2500개의 계단을 따라 이리저리 걷다 보면 멀리 엠파이어 스테이트 빌딩부터 허드슨강 건너 뉴저지까지, 바로 앞의 원월드 트레이드 빌딩부터 빌딩 숲을 헤치고 나아가는 하이라인까지, 정해진 장소가 아니라 원하는 각도와 높이에서 도시를 볼 수 있는 초대형 전망대다.

산이 없는 평평한 섬 맨해튼 도심에서도 등산을 할 수 있는 경험을 주기 위해 이렇게 설계했다고 한다. 어디에서 찍어도 예쁜 그림이 나와서 촬영감독들이 무척 즐거워했다.

베슬의 높이는 인상적이었다. 더 크게도 지을 수도, 더 작게도 지을 수 있었을 텐데. 15층 건물 높이, 미국식으로 말하면 150피트다. 맨해튼으로 둥지를 옮긴 구글에는 '150피트의 법칙'이라는 게 있다. 직원들이 있는 곳에서 150피트 거리 이내에 언제든지 먹을 수 있는 음식이 있어야 한다는 원칙이다. 그래서 구글 곳곳에는 카페테리아나 스낵바가 있다. 자주 만나 편하게 이야기하면서 문제를 공유하고 아이디어를 나누라는 뜻이다. 조금 다르게 보면 사람이 하는 일이기 때문에 '인풋 – 아웃풋'의 기계적 방식이 아니라 다양한 접근과 무의미해

보이는 시도 속에서 창의적인 해결 방법이 나올 수 있다는, 말하자면 '휴먼 웨이'가 있다고 믿기 때문에 만든 법칙이다.

그 값비싼 허드슨 야드에 '고작' '150피트'짜리 빌딩을 지어 굳이 계단으로 걷게 만들고 똑같지는 않되, 거의 비슷한 풍경을 보도록 만드는 베슬은 '휴먼 웨이'의 건축적 구현이라고 할 수 있다.

서울에서도 비슷한 개발계획이 있었다. 용산 철도차량 기지를 개발하는 프로젝트였는데 몇 년 추진한 끝에 무산되고 언제 재개될지 기약이 없다. 개발이 언제나 선善은 아니겠지만, 기왕에 추진한 계획이 수포로 돌아가고 말았다는 건 안타까운 일이다. 왜 그랬을까? 정권이나 시장이 바뀌면 이전 임기 때 추진하던 일들이 폄훼하는 대결적인 정치 문화, 돈이 될 법하면 죽을 둥 살 둥 달려들다가 조금만 이윤이 박하다 싶으면 바로 물러나는 얄팍한 자본 논리, 과감하게 추진하다가 나중에 감사라도 받으면 문제가 될 수 있다고 관료적 보신주의……. 뭐 언론에서 늘 지적하는 문제들이 발목을 잡았을 것이다. 공공선과 자본이 조화를 이루는 문제 해결의 추진력이 우리에게 가능한 일일까?

베슬은 마천루란 높아야 하고, 엘리베이터가 있어야 하고, 사유화되어야 한다는 상식과 공식을 보기 좋게 깬 사례다. 건물이라기보다는 조형물에 가깝지만 그 혁신적인 발상과 시대적 상징성으로, 플랫아이언 빌딩이 지금껏 그래 왔듯이 뉴요커들에게는 새로운 마천루의 대명사로, 관광객들에게는 뉴욕의 대표 브랜드로 자리매김하고 있다. 세계 최대 도시는 여전히 이렇게 성장하고 있다.

NEW YORK

@소호: 아름답고도 자본주의적인

뉴욕이 아름다운 건 마천루'가' 있기 때문이 아니라 마천루'도' 있기 때문이라고 했다. 그렇다면 마천루 외에 뉴욕을 아름답게 하는 것은 무엇일까? 그 답은 100년도 넘은 허름한 건물과 최신식 초고층 빌딩이 어깨를 맞대고 있는 개성이다. 건축의 과거가 고스란히 남아 있는 가운데, 바로 옆에서 건축의 미래가 진행 중이다.

뉴욕 건축의 과거를 돌아보는 것은 어렵지 않다. 맨해튼 시내를 걸어다니다 보면 오래된 건물들을 거리마다 모퉁이마다 쉽게 만날 수 있으니까. 영화에서나 보던 철제 소방계단이 건물 외벽에 덕지덕지 붙어 있는, 어떻게 보면 흉물스러운 낡은 석조 빌딩 속에서 사람들은 용케도 잘 살고 있다. 플랫아이언 빌딩만 해도 118년이나 되지 않았던가?

월스트리트에 즐비한 대형 은행, 다국적 회사의 초고층 첨단 빌딩들을 빠져나와 북쪽으로 계속 걷다 보면 시대가 바뀐 듯한 풍광과 맞닥뜨린다. 유명한 소호다. 소호는 맨해튼 남서부에 있는 지역의 이름으로, 명품 거리로 유명하다. 소호는 'South of Houston'의 줄임말로

'하우스턴가 남쪽'을 뜻한다. 주로 연예인들의 화보나 패션 피플의 필수 쇼핑 코스로 꼽히는 곳이다. 소호가 이토록 각광받는 것은 오래된 건물들이 주는 빈티지한 느낌 때문이다. 건물에 주철이 쓰이면서 건물들의 높이가 조금씩 높아지다가 강철이 사용되면서 본격적으로 마천루의 시대가 시작됐다고 했는데, 주철 시대에 지어진 건물들이 집중적으로 모여 있는 곳이 소호다. 증기식 엘리베이터가 처음 설치된 브로드웨이 하우위트 빌딩 역시 소호에 있다.

1973년 소호는 캐스트 아이언 역사보존지구로 지정되어 지금까지 보호를 받고 있다. 이곳에는 영화에서나 보던 건물 외벽의 철제 사다리가 거의 모든 건물에 다 있다. 오래전 봉제 공장에서 화재가 나 많은 사람이 뛰어내리다가 사망한 이후 의무적으로 출입구를 두 개 이상 만들도록 해서 창문 밖에 철제 계단을 만들었다고 한다. 지금은 탈출 용도보다는 장식 용도가 더 강해 보인다. 본래 용도가 다한 철제 사다리는 이제 빈티지 오브제가 되어 소호를 찾는 여행자들에게 인스타그램에 올릴 사진거리를 제공하고 있다.

 초기 산업 시대의 뉴욕은 항구 도시로, 공장이 많이 필요했다. 당시 소호는 맨해튼의 중심이 아니라 외곽으로, 노동자들이 일하던 공장과 창고가 많았던 지역이다. 공황의 여파와 산업 지형도의 변화로 쉼 없이 돌아가던 공장이 멈추고 창고는 문을 닫았다. 공장들이 방치되면서 심각한 치안 문제까지 유발했다. 방치된 공장들의 폐허 같은 분위기 때문에 땅값과 임대료는 점점 낮아졌다.

뉴욕 시는 공동화空洞化 문제를 해결하기 위해 이 공간을 가난한
예술가들에게 임대해주기 시작했다. 공장용으로 지어져 층고가 높고
창문이 커서 예술가들이 작업하기에 안성맞춤이었다. 이때부터 재미있는
진화가 시작됐다. 예술가들이 모이면서 소호는 예술가의 거리가 되었고,
예술가들이 모이니 그들의 작품을 거래하는 갤러리가 1층에 자리 잡았다.
그리고 곧 예술로 자신의 취향을 뽐내고 싶어 하는 부자들의 발걸음이
잦아졌고, 이들을 대상으로 고급 레스토랑과 고급품을 다루는 상가가
줄을 지어 문을 열었다. 누구도 찾지 않던 동네가 이렇게 떴다.
쇠락하던 동네가 뜨는 것은 좋은 일이지만, 부작용도 있었다. 임대료가
오른 것이다.

　부동산값이 올라가자 이를 감당할 수 없게 된 예술가와 소규모
자영업자들이 쫓겨나기 시작했다. 하지만 임대료와 상관없는
여행자들은 계속 몰려들었고, 건물은 높은 임대료를 감당할 수 있는
이들로 채워졌다. 대형 패션 브랜드들이 소호를 점령했고, 소호는
예술의 거리에서 패션의 거리, 쇼핑의 거리가 되었다. 전형적인
젠트리피케이션gentrification.

　젠트리피케이션이란 젠트리(중산층 이상의 계급)가 이주해 하층 계급이
살던 지역이 고급 주택지로 바뀌는 현상이라는 1차적인 의미와 '그 결과'
본래 거주자들이 주거 비용을 감당하지 못해 쫓겨나는 현상이라는
2차적인 의미를 갖는다. 쫓겨난 원주민이 낙후된 지역으로 이사해
다시 해당 지역을 살려낸다는 점이 역설적이다.

MARIPOSA COLLECTION

ORK

SOJARA
vintage. reworked. original.

SEX
PISTOLS

I♥NY

RLS BITE BACK

I♥NY

NIRVANA

EN

『뉴요커』라는 제목의 책을 펴낸 미술가 박상미는 책에서 뉴욕의 미술가 알렉산드라 에스포지토의 말을 소개했다.

"뉴욕의 예술가들은 미생물 같아요. 가장 더럽고 후진 지역에 들어가서 더러운 거 다 먹어치우고, 깨끗해지면 땅값은 올라버리고, 그리고 나면 메이저 브랜드가 들어와 예술가들은 다시 다른 더러운 곳을 찾아 떠나야 하죠."

소호는 오래된 과거가 어떻게 현재와 조화를 이뤄 도시의 일부분을 이루는지 잘 보여주는 사례다. 동시에 자본의 도시 뉴욕에서 한 지역이 자본의 논리에 의해 어떻게 성격이 바뀌어가는지 적나라하게 보여준다. 하지만 소호의 쇠락을 젠트리피케이션 관점에서 부정적인 시선으로만 바라볼 필요는 없다. 하드웨어는 소프트웨어의 업그레이드로 끝없이 활용 가능하듯, 소호의 오래된 건물은 이민자에서 예술가, 그리고 고급 상점, 레스토랑으로 역동적으로 사용되고 창조적으로 채워지고 있다. 새 술을 새 부대에 담을 수만은 없다. 소호는 도시란 변질되거나 도태하는 게 아니라 진화한다는 사실을 잘 보여준다.

@원밴더빌트 빌딩: 불가능을 가능하게, 실용적 사고

　　그랜드 센트럴 기차역은 뉴욕 여행에서 빠뜨릴 수 없는 명소다. 할리우드 영화에 배경으로 워낙 많이 등장하기도 했지만 그 역사적 가치 때문이다. 맨해튼의 또 다른 기차역 펜 스테이션은 그 역사적 가치에도 불구하고 개발의 논리에 밀렸고, 그랜드 센트럴이 유일한 유산으로 남았다. 그런데 최근 이 귀중한 건물 위로 엄청난 규모의 마천루 공사가 한창 진행 중이다. 원밴더빌트 빌딩은 2021년에 완공될 예정인데, 예상 높이가 427m다. 어떻게 이런 일이 가능할까? 건물 위에 건물을 짓다니! 이는 원밴더빌트 빌딩 사업자가 그랜드 센트럴 역의 '공중권'이라는 것을 사들였기 때문에 가능했다.

　　공중권Air Right이란 무엇인가? 세계의 마천루들을 다루는 스카이스크래퍼페이지skyscraperpage.com에 따르면 2019년 현재 뉴욕에는 6536개의 빌딩이 있다. 2위 토론토의 2514개와는 큰 차이가 있다. 이처럼 뉴욕이 비교되지 않을 정도로 마천루의 도시가 된 것은 여러 가지 이유가 복합적으로 작용한 결과다. 지반이 암반이라서 초고층 빌딩의 건축적 안전성을 확보하는 것이 가능하다는 물리적 특성도 있지만, 경제적 요인이 더 중요했다. 섬이라 공간적 요구가 커서 초고층 빌딩을 올려 세울 비용을 감당할 경제적 편익이 존재했고, 그것을 부담할 수 있는 자본이 집중된 곳이기도 했다. 하지만 이런 요소만으로는 설명되지 않는다. 맨해튼처럼 초고층 빌딩이 밀집하는 것을 세계 어느 도시의 건축법규도 허용하지 않을 것이기 때문이다. 빌딩 숲속의 엠파이어 스테이트 빌딩 건설을 법적으로 가능하게 한 결정적 요인은 하늘 위의 부동산 권리, 바로 공중권 제정이었다.

맨해튼은 초고층 빌딩의 과밀을 전면적으로 금지하지도 일방적으로 허용하지도 않았다. 이를 매우 자본주의적 사고방식으로 풀었다. 조닝zoning과 공중권이 대표적이다. 조닝은 도시를 구역으로 나눠 지역에 따라 건물의 용도와 용적률·건폐율·높이 등 토지 사용 용도와 설치 기준을 규정하는 것이다. 여기에는 주차 계획, 건물 높이, 인접 건물과의 거리까지 모두 포함된다. 뉴욕뿐만 아니라 여느 대도시들, 우리나라에도 있는 제도인데 조닝의 개념은 뉴욕에서 처음 만들어졌다.

마천루와 관련해 조닝에서 중요한 건 공중권이다. 공중권은 공중에 건물을 지을 수 있는 권리다. 당연히 땅을 가진 사람이 그 땅에 건물을 지을 권리, 즉 땅의 상부 공간에 건물을 지어 올릴 권리를 갖는데, 뉴욕은 이 공중권을 '거래'할 수 있도록 했다. 공중권을 인정하는 것과 사고팔 수 있게 하는 것은 다르다. 내 땅에 지은 건물 위로 다른 건물이 지나가거나 공간을 침범하지 못하도록 하는 게 공중권이다. 공중권이 없다면

높은 빌딩이 낮은 건물들을 우산처럼 덮어버리게 될 것이다. 공중권을
거래한다는 건 조닝에 명시된 건축 규정 안에서 내가 세울 수 있는
권리를 팔 수 있다는 뜻이다. 20층 건물을 지을 수 있는 지역에
10층 건물을 가지고 있다면 나머지 10층을 지을 권리를 판매할 수 있다.
이 권리를 산 사람은 30층짜리 건물을 지을 수 있는 것이다.
즉 주변 건물의 공중권을 사들인다면 건물의 높이를 규정하는 조닝의
제한을 받지 않을 수 있다.

언뜻 자본이 법을 초월한다는 비판이 나올 법도 한데, 뉴욕 시는
공중권을 거래함으로써 최신식 마천루의 도시로 발돋움하는 동시에
도시에 존재하는 오래된 역사적인 예술적 건물, 즉 보자르Beaux-Arts라
부를 만한 건축물들을 지키는, 일거양득의 실용적 해답을 찾았다. 땅의
효율로만 보면 낮은 건물을 허물고 마천루를 올리는 것이 정답이지만,
보존해야 할 건축물은 공중권을 팔아 유지와 보수에 필요한 비용을
감당함으로써 보존이 가능해진 것이다. 결과적으로 지역에 따라
건축물의 높이는 제한되어 있지만, 그 높이는 '넘어서는 안 될 절대
높이'가 아니라 지역 건물들의 평균 높이가 된다. 그랜드 센트럴 역 옆
원밴더빌트 빌딩이 건축 허가를 받을 수 있었고, 역사적 유산을 지킬 수
있었던 것도 그랜드 센트럴 역의 공중권을 사들였기 때문에 가능했다.

공중권은 반대 방식으로도 활용된다. 건물을 짓기 위해서가 아니라
다른 사람이 내 건물 근처에 높은 건물을 짓지 못하도록 하는 데
이용되는 것이다. 공중권을 판 사람이 건물을 더 올릴 수 없는 것은

당연하므로, 조망권이나 일조권을 누리기 위해 특정 방향의 공간이
필요하면 해당 공간의 공중권을 사들이면 된다. 트럼프는 소호에
도미니크 호텔을 지으면서 주변의 공중권을 사들였다. 호텔은 46층이지만
호텔의 조망권을 확보하기 위해서였다. 최근에는 첼시의 고급 아파트
입주민들이 재건축 예정인 낡은 건물의 공중권을 1100만 달러
(129억 원)에 사들이기도 했다. 건물 부지에 새로 콘도가 들어서면
엠파이어 스테이트 빌딩을 가리는 등 조망권이 나빠지기 때문이었다.

　건물이 아니라 허공에 대한 권리까지 만든 것은 대단해 보이지만,
이를 사고파는 것이 최선의 방법인지는 판단이 서지 않는다.
5번가(애비뉴)에서 이스트 29번가로 방향을 살짝 꺾으면
미국 성공회 성당이 있다. 만나는 순간, 주변의 마천루들을 밀어내고
이민자들로 북적이던 초기 이민시대로 돌아간 듯한 느낌이다.
높은 빌딩들에 둘러싸인 모습이 애처롭기도 하고, 맨해튼 한복판에
아직도 이런 곳이 남아 있다는 게 신기하기도 하다.
이곳의 공중권 역시 주변의 어느 마천루에 판매되어 문화유산을 지키고
보존하는 데 사용되고 있다. 소중한 공간을 지킬 수 있어서 다행이라
해야 할지, 거목들 아래의 잡초처럼 왜소해진 문화유산의 처지를
슬퍼해야 할지 판단하기가 쉽지 않다.

　이러한 실용적 사고는 뉴욕의 상징인 타임스퀘어를 만들 때도
큰 힘을 발휘했다. 뉴욕은 도시를 개발하면서 조닝을 통해 지역별 성격을
나눠 개발했는데, 타임스퀘어를 재개발하면서는 '특별조닝'이라는

미국을 상징하는 성공회 성당.
빼곡한 고층 빌딩들 사이에서 푸르름이 무성한 공간이다.

제도를 만들었다. 맨해튼의 핵심인 미드 타운을 정리하면서 특별조닝
개념을 적용해 극장 지구, 5번가 지구, 그랜드 센트럴 지구, 펜 센터 지구,
보존지구 등 5개 특별존을 만든 것이다. 가장 넓은 지역을 차지한 건
극장 지구, 바로 센트럴 파크가 있는 지역이다.

　극장을 살리면서 마천루를 짓는 방법은 간단하다. 높은 빌딩을 올리고
마천루 안에 극장을 넣으면 된다. 뉴욕도 그렇게 했다. 그런데 뭔가
잘 맞지 않고 아름답지 않았다. 건물은 도시라는 생명체 안에서 숨을
쉬고 어우러져야 마땅한데, 건물이 도로와 격리되어 있었다.
그도 그럴 것이 치안이 불안해서 새로 건물을 올린 건물주들이 입구를
대로변으로 내지 않고 뒷골목으로 내거나 입구를 좁게 하고
엘레베이터를 타고 몇 층 올라와야 리셉션을 만날 수 있도록 설계했던
것이다. 무엇보다 오래된 기존 극장 건물들과 조화롭지 않았다.
고층 빌딩 옆 판자촌처럼 도시는 더 어긋났고, 그 결과 황폐해졌다.
극장 문화의 보존과 새로운 마천루의 건축을 동시에 해결하기 위해 취한
방법은 정작 문제를 하나도 해결하지 못했다.

　그러자 뉴요커들은 보존과 개발을 나누어 생각하기 시작했다.
공중권이 제대로 빛을 발한 것은 타임스퀘어, 재개발 당시의
타임스퀘어다. 특정 대지의 공중권은 대개의 경우 인접한 대지의
건물에서 사들여 건물을 짓는 것이 일반적이었다. 하지만 타임스퀘어의
공중권은 인접 대지를 포함해 극장지구 전체에 적용시켰다. 오래된
극장들이 다닥다닥 붙어 있었기 때문에 인접 대지에만 적용시키면

한계가 있다고 생각한 것이다. 이 같은 융통성을 덕분에 결과적으로
다양한 형태의 개발이 가능해졌다. 덕분에 타임스퀘어 빌딩이나 뉴욕의
자존심인 뉴욕타임스 빌딩이 극장 지구 안에 들어서게 됐다.

　우리나라에는 아직 공중권에 대한 개념이 없다. 일조권을 침해해
법적 다툼이 발생했다는 뉴스를 가끔 본다. 동네 사람들과 집마당을 함께
누릴 수 있도록 주택의 벽을 낮추는 조례를 시행했더니, 아예 건물벽채를
담 삼아 정원을 내정內庭으로 돌려 골목이 더 삭막해졌다는 소식도
들렸다. 해법은 관료적 획일성이 아니라, 사람들의 의도와
선호incentive를 고려한 실용주의적 사고에서 찾아야 하지 않을까?

@브루클린: 공간이 아니라 문화다

　「원스 어폰 어 타임 인 아메리카Once Upon a Time in America」라는
영화의 포스터를 보고 있다. 추억을 불러일으키는 흑갈색 세피아 톤이다.
음산한 골목 사이로 소년들이 뛰어다니고, 그 뒤에는 맨해튼 브리지가
보인다. 영화도 재미있지만, 포스터의 미장센이 강렬하다. 그래서일까?
이 사진이 찍힌 골목은 비슷한 구도로 사진을 찍으려는 관광객들로

늘 붐빈다. 우리 프로그램의 예고편 마지막 장면도 그 수많은 장소 중에서 여기로 결정됐다. 내가 PD라도 그랬을 것이다. 덤보Dumbo는 실제보다 그림이 훨씬 예쁘게 나온다.

브루클린의 덤보가 맨해튼의 마천루와 무슨 상관이 있느냐고? 이곳은 마천루를 가장 아름답게 감상할 수 있는 지점이다.

덤보는 아기 코끼리 이름이 아니라, 'Down Under the Manhattan Bridge Overpass'를 줄여 만든 약어略語다. 뉴욕을 여행하는 이들이 꼭 찍는다는 덤보의 포토스폿은 위싱턴스트리트와 워터스트리트가 만나는 곳이다. 길 양쪽으로 빨간 벽돌의 오래된 건물이 마주보고 서 있고, 건물 사이로는 맨해튼 브리지가 보인다. 이곳의 멋을 제대로 담으려면 맨해튼 브리지 하부교 교각 사이로 멀리 엠파이어 스테이트 빌딩이 보여야 한다. 이곳이 우리나라에 알려진 건 몇 해 전 예능프로그램「무한도전」이 뉴욕을 찾았을 때 이 장소, 이 앵글로 촬영했기 때문이다. 이곳을 찾는 한국 젊은이들 중에 로버트 드 니로의 파릇파릇한 옛 모습을 기억하는 이가 얼마나 될까?

영화 때문이든「무한도전」때문이든, 요즘엔 이른바 포토스폿마다 사진 찍는 젊은이들로 북적인다. 최근에는 영화「조커Joker」에서 주인공이 춤을 추던 계단에 전 세계 관광객이 몰린다고 한다.

예전에도 관광을 가면 사진을 찍는 것이 일이었지만 요즘에는 그 정도가 더 심해진 것 같다. 인스타그램 때문이다. 세계 어디든 화제가 된 장소, 소위 인스타그래머블instagrammable한 장소를 찾아 인증 사진을 찍어 올리고 '좋아요'를 받는 것이 여행의 목적이 돼버렸다.

인스타그램에 사색과 통찰도 함께 올릴 수 있으면 좋으련만. 그러기에는

해시태그 사이의 공간이 너무 비좁아 보인다.

    덤보 인근에서 혼자서 씨익 미소를 짓게 만드는 금연 안내판을 봤다.

"그렇지, 뉴욕식 센스란 이런 거지!" 하고 감탄했다.

Please Don't smoke

       Under the

       Manhattan

       Bridge

       Overpass

NEWYORK

덤보는 한국 관광객을 많이 만날 수 있는 장소 중 하나로
다른 어느 장소에서도 사진을 찍지 않던 출연자들도 여기서만큼은 독사진을 남겼다.
방송 예고 촬영을 위해 출연자들에게 자연스러운 표정과 자세를 요구했지만
다들 어색했는지 함박웃음으로 마무리되었다.

길게 뻗은 롱아일랜드섬의 서쪽 끝, 맨해튼섬과 마주하고 있는
브루클린 덤보 지역과 퀸스에 속한 롱아일랜드시티는 요즘 제일
주목받는 지역이다. 요즘 화두인 도시 재생이 가장 활발히 이뤄지고
있는 곳이다. 이 두 곳 모두 과거 뉴욕의 산업화 시기에 하역 부두와 물류
창고들이 즐비해 일반인들은 접근조차 하지 않던 기피 지역이었다.
영화 「브루클린으로 가는 마지막 비상구Last Exit to Brooklin」의 배경이 된
범죄와 마약, 거리의 여자들이 가득한 암울한 공간을 기억하는가?
이런 곳이 상전벽해하고 있다. 물론 대규모 부동산 자본이 유입된 이유가
가장 크지만, 바로 밀레니얼이 대거 이주해 오면서 지역이 비로소
'핫'해졌다. 물론 맨해튼의 집값이 너무 비싸서 밀려온 것이기도 하지만,
브루클린만의 인터스트리얼한 감성에 매료된 젊은 층이 사무실뿐만
아니라 주거까지 옮겨 오고 있다.

요즘 뉴욕에선 브루클린, 그중에서도 맨해튼 브리지 언저리의 덤보와
그 위 북쪽 끄트머리 윌리엄스버그, 이 둘이 요즘 가장 '힙hip'하다.
소호가 오래되어 낡은 수트를 잘 수선해 입은 모습이라면, 덤보는
낡은 대로 실밥 터진 대로 자유분방하게 입고 있는 모습이다. 나아가
윌리엄스버그는 제멋대로 리폼한 경지까지 나아간다. 리폼에서 가장
중요한 건 센스인데, 윌리엄스버그는 그 센스가 수준급이다.
소호가 삼청동, 덤보가 북촌마을이라면, 윌리엄스버그는 성수동
느낌이라고나 할까?

덤보에서 북쪽으로 조금만 걸어가면 바로 윌리엄스버그에 닿는다.

길거리에선 기타와 색소폰을 맨 2인조 밴드가 노래를 부르기도 하고, 커다란 벽화가 그려진 모퉁이를 돌면 새로운 벽화가 나타나 걷는 내내 지루할 틈이 없다. 인상 깊었던 벽화의 문구, 'No One Does It Like You.' '너만의 방식으로 살아봐' 혹은 '너는 너대로 괜찮아' 정도로 옮길 수 있는 문장 아래 수많은 뉴요커와 여행자들이 지나간다.

브루클린이 오래된 건물을 배경으로 여행자에게 사진거리만 제공하고 있다고 생각하면 오산이다. 2020년 브루클린은 첨단산업의 메카로 거듭나는 중이다. 이름하여 실리콘앨리Silicon Alley다. 미국 서부의 실리콘밸리에 대응하는 동부의 혁신산업기지다. 실리콘앨리는 맨해튼의 스타트업 밀집 지역을 가리키는데 구글이 있는 첼시 등 맨해튼 서쪽 구역, 트라이베카(캐널스트리트 아래 지역), 그리고 다리 건너 덤보를 비롯한 브루클린의 테크 트라이앵글을 가리킨다. 그중에서도 브루클린 테크 트라이앵글은 아직 진행형인데 앞서 말한 맨해튼 브리지 아래 덤보, 그 아래쪽의 다운 타운, 그리고 윌리엄스버그 바로 아래 있는 네이비 야드를 연결하는 삼각형 지역이 '브루클린 테크 트라이앵글'이라는 이름으로 개발되고 있다.

네이비 야드는 1801년부터 1966년까지 해군기지 및 조선소로 사용되었고 2000년부터 다양한 산업을 유치하고 있다. 조선소의 널찍한 부지와 거대한 창고, 덤보의 맨해튼 접근성과 문화 다양성, 다운 타운 중심가, 핀테크와 하이테크 스타트업까지 다양한 실험을 해볼 수 있는 입지를 브루클린은 갖추고 있다. 게다가 뉴욕 시는

NEWYORK

젊은 세대가 많이 찾는다는 브루클린 윌리엄스버그의 메인스트리트.
길가에 노점상들이 늘어서 있어 젊은 관광객들의 발걸음이 끊이지 않는다.
젊은 세대들이 많이 찾는 거리이다 보니 저렴한 가격의 상품들을 많이 만날 수 있다.

브루클린 트라이앵글의 스타트업에는 10년간 법인세 면제, 전기 및
가스 요금 감면 등의 혜택을 주고 있다. 2017년 기준으로 브루클린
테크 트라이앵글에는 500개에 달하는 스타트업이 있고 이들이 창출한
일자리는 9600개가 넘어선다고 한다. IT와 창업의 중심지 실리콘밸리에
이어 뉴욕이 실리콘앨리로 떠오른 데는 덤보 테크 트라이앵글의 역할이
꽤 컸다.

　실리콘밸리든 앨리든, 이런 혁신의 요람이 생겨나려면
"청년 창업가 입주 환영!"이라 쓰인 현수막을 커다랗게 걸어놓은 빌딩만
덩그러니 있어서는 안 된다. 잘 짜인 생태계가 필요하다.
앙터프리너십entrepreneurship으로 가득한 창업가들, 그들을 뒷받침할
벤처금융자본, 그리고 기술적 모태가 되는 대학과 연구소,
이 셋이 삼위일체를 이룰 때 진정한 혁신 생태계가 조성된다.
뉴욕은 젊은 밀레니얼에게 세계 어느 곳보다 매력적인 곳이어서
미국 동부의 인재들을 모으는 데 부족함이 없고, 세계 자본이 모여드는
월스트리트를 가지고 있으니 벤처 캐피털도 충분하다. 그렇다면 대학은
어디에 있을까?

　맨해튼의 동쪽 이스트강변도로로 가다 보면 오른쪽으로 조정보트같이
길쭉한 섬이 하나 보인다. 아담한 크기로 이스트강 한가운데 유유히
떠 있어서 "저런 데 살면 정말 좋겠다"는 생각이 절로 드는
루스벨트섬이다. 도도하게 이 세계에서 가장 비싼 땅들로 둘러싸인
알맞은 크기의 평화로운 섬이라니! 이 멋진 공간에 무엇을 만들면

좋을까? 초호화 주상복합? 쇼핑몰? 뉴욕시청사? 아니면 시민공원?
뉴욕 지도자들은 '대학'을 선택했다. 코넬테크Cornell Tech(코넬대 공대)다.
어떤 구호를 내세우더라도, 중요한 자원을 결국 어디에 사용하는지
보면 그 사회의 우선순위를 알 수 있다. 블룸버그 전 뉴욕시장의
코넬테크 개소식 연설은 우리 가슴을 묵직하게 한다.

"코넬테크는 뉴욕의 미래를 위한 투자입니다. 뉴욕이 실리콘밸리부터
서울까지 전 세계 기술 센터들과 경쟁할 수 있게 도울 겁니다."

브루클린이나 루스벨트섬뿐만이 아니다. 퀸스는 미디어와 IT, 힙합의
고향, 더 브롱스는 문화 산업, 스태튼섬은 쇼핑 관광의 메카로서
맨해튼과는 다른 방향으로 도시 개발 모델을 만들고 있다. 더구나
그 과정이 기존의 밀어붙이기 방식을 통한 막무가내 재개발이 아니라
도시의 구성원, 즉 시민과 이민자, 그리고 밀레니얼을 포함한 다양한
세대 등 이곳에서 살아가는 주체들과 함께한다는 점에서 크게 눈길을
끈다. 다섯 손가락 깨물어서 안 아픈 손가락이 없다고 했듯, 뉴욕의 각
지역, 5개 구borough를 뉴욕 시는 버리지 않았다. 오히려 다양한
기능과 색깔로 각 지역의 특성을 살리면서 가능성을 열어주고 있다.

작은 맺음말: 트렌드란 진화하는 것이다

시티 임파서블, 불가능한 도시. 헬기 위에서 맨해튼을 내려다보면서
떠오른 생각이다. 뉴욕은 시작부터 불가능한 도시였는지도 모른다.
그 작은 섬 안에 200여 개국의 이민자가 연간 4700만 명 이상의
관광객을 받아들이면서 오밀조밀 어울려 산다는 사실 자체가 경이롭다.
물론 9·11테러와 대규모 정전 등 외부적 요인에 의해 도시가 마비된
적은 있지만 뉴욕은 그 문제를 창의적으로 해결해서 더 오고 싶고
더 살고 싶은 도시를 만들고 있다. 뉴욕이 거쳐온 문제와 도전들은
세계의 모든 도시들이 겪었거나 겪게 될 것들이다. 뉴욕은 도시의 미래를
살고 있다 해도 과언이 아니다.

오래된 과거를 존중하고 보호하면서 새로운 의미를 부여해 미래로
나아가는 것, 이것이 뉴욕의 가장 큰 힘 아닐까? 칠 벗어진 소호의 낡은
건물 앞에서, 조금 큰 다리미 같은 모양의 빌딩을 100년 넘게 고치고
수선해가며 사용하는 시민들 앞에서, 비싸기로 둘째가라면 서러울
맨해튼 웨스트사이드에 들어선 15층 높이의 '전망대'에서, 다 늙은

NEWYORK

젊은 도시 뉴욕의 진화를 느낄 수 있었다.

"다른 모든 곳이 정체해 있을 때, 뉴욕은 계속 진화한다." 세계적인 디자이너 칼 라거펠트는 뉴욕을 이렇게 말했다. 실은 트렌드도 그렇다. 트렌드란 기본적으로 '새로운 것'이지만 그 새로움은 하늘에서 떨어지는 것이 아니다. 과거의 유산을 거부하거나 부끄러워하지 않고, 그것을 어떻게 현대적으로 해석해내느냐가 새로움의 새로운 원천이 된다.

『트렌드 코리아 2019』에서 '뉴트로New +Retro'(새로운 복고) 개념을 처음 이름 짓고 발표했을 때, 우리 저자들도 이 트렌드가 이렇게 광범위하고 또 오래 지속될 것이라고 기대하지 않았다. 하지만 2019년의 뉴트로 열풍은 우리조차 놀랄 정도였다. 방송·패션·식품·인테리어 등은 물론이고, 도심 재생과 재건축에 이르기까지 거대한 하나의 테마가 됐다. 과거란 단순한 복고가 아니라 트렌드의 본질 중 하나였던 것이다.

과거는 촌스럽지 않다. 다만 촌스러운 것은 그것을 부끄럽게 바라보는 편견이고 새롭게 해석해내지 못하는 미숙함이다. 새로운 트렌드를 창조하고 싶든, 우리 도시를 좀 더 트렌디하게 만들고 싶든, 그 원천은 전통에 대한 존중에서 출발해야 한다는 사실을, 뉴욕은 오늘도 온몸으로 보여주고 있다.

YANKEES ARE ON THE SHOW

YANKEES ARE ON THE SHOW

뉴욕에서 걸어 다니는 것은 운동이 아니다.
그것은 끊임없이 자신만의 영화를 상영하는 것이다.

로이 블라운트 주니어, 작가

타임스퀘어는 매년 4000만 명 이상의 ... 여행지다. ... 타임스퀘어의 별명이 '우주의 중심', '세계의 교차로'라고 소개돼 있다. 1... 장 한가운데 있는 TKTS의 빨간 계단에 앉아 사람들을 보고 있노라면 질에 금세 공감이 간다. 사실 타... 광장이라고 하기에는 너무 좁다. ... 벨은 7번가(애비뉴)와 가로로 난 42번가부터 빨간 계단이 있는 7번가 ... 묵는 브로드웨이가 이 구간을 거친다. 하지만 일방통행인 도로를 ... 일쪽 모래시계 모양인 타임스퀘어로 두고 타임스 광장이라 부르... 뭔가 조금 아쉽다. 게다가 평상시에는 모래시계의 반쪽, 빨갯박스가 있는 쪽만 타임스퀘어로 사용하니 아쉬움은 더해진다. 어마어마한 공간을 공원으로 만들어버린 센트럴파크와 도시 뉴욕의 상징으로는 정말 왜소한 규모가 아닐 수 없다.

타임스퀘어

언제 찾아도 사람들로 북적이는 타임스퀘어에서 두 블럭 건너편의 5번가는 이른바 '명품' 거리로 유명하다. 미국 고급 백화점의 대명사라는 '삭스 피프스 에버뉴'의 5번가 Fifth Ave.가 바로 여기다. 영화 「티파니에서 아침을 Breakfast At Tiffany's」에서 오드리 햅번이 보석을 구경하던, 영화가 나온 지 60년이 돼가지만 아직도 전설처럼 회자되는 그 장면 속의 티파니도 이 거리에 있다. 그런데 역사를 자랑하는 뉴욕의 진정한 명품 거리 5번가에서 유명 브랜드들이 철수하는 현상이 나타나고 있다. 갭GAP은 2019년 초 5번가의 플래그십을 폐점했다. 그보다 먼저 폴로 랄프로렌이 물러났다. 아직 5번가가 을씨년스럽다고 할 정도는 아니지만 세계적인 명품 브... ...로 먼저 꼽을 수 있는 것은 과

5번가와 7번가

도하게 상승한 임대료다. 5번가에서도 가장 임대료가 비싼 지역은 49번가부터 60번가까지다. 남쪽으로는 록펠러센터가 있는 곳에서 북쪽으로는 센트럴파크가 있는 곳까지, 이 지역의 임대료는 제곱피트당 연 3000달러, 매장이 10평 정도라고 하면 연간 12억 원이고, 100평이라면 120억 원이다. 비싸긴 비쌌다. 그렇다 해도 세계 전역에서 막대한 매출을 창출하고 있는 글로벌 브랜드들이 쇼핑의 상징 같은 맨해튼 5번가에서 임대료 때문에 철수한다는 것은 조금 이상하다. 여기에는 보다 근본적인 원인이 있다.

미술관도 갤러리도 좋지만, 역시 뉴욕 하면 떠오르는 것은 벽화, 그것도 그래피티. 낙서 벽화다. 처음 뉴욕에 갔을 때는 키스 해링이나 장 바스키아의 벽화가 모퉁이만 돌면 나타날 줄 알았다. 그 정도는 아니었지만, 군데군데 감각적인 벽화들이 시

선을 끌었다. 벽화는 거리 풍경을 찍을 때나 프리젠터가 누군가를 찾아가는 장면에서 화면을 생동감 있게 만들어 주기 때문

에 촬영감독들이 아주 선호한다. (   ) 여러 번 걸렸다. 뉴욕에는 조형물도

적지 않다. 월스트리트의 뮤   (   ) 로버트 인디애나의 러브는 뉴욕

의 상징이다. 한때 더럽고 위험하기로 악명이 높았던 뉴욕 지하철을 빛내는 공공 미술 작품도 적지 않다. 타임스퀘어 역의 리

히텐슈타인 벽화나 8번가 역의 '지하의 삶' 조형물이 그것이다. "아는 만큼 보인다"고 했던가? 심미안의 눈을 밝히고 뉴욕을

걷다 보면 구석구석에서 작은 탄성을 터뜨리게 하는 시각적 체험을 취지 않고 할 수 있다.

미술

뉴욕이라는 쇼

#타임스퀘어 #뮤지컬 #쇼핑 #모마 #거리미술 #생태계

당신이 뉴욕 주재 특파원이라면 어느 장소에서 뉴욕의 소식을
전하겠는가? 자유의 여신상 앞? 센트럴 파크 안? 아니다. 살아 움직이는
타임스퀘어 광고판 아래가 제격일 것이다. 뉴욕 여행을 꿈꾼다면
가장 먼저 해보고 싶은 일은, 타임스퀘어 한복판에서 서서 주변을
돌아보는 것일 게다. 2013년 싸이가 타임스퀘어에서 그랬듯이.
세계 트렌드의 수도가 뉴욕이고, 뉴욕의 핵심이 맨해튼이라면, 맨해튼의
심장은 단연 한 곳, 바로 타임스퀘어다. 그 타임스퀘어가 눈앞에 펼쳐진다.
　타임스퀘어는 매년 4000만 명 이상 찾는 지구인의 '워너비 여행지'다.
위키피디아에는 타임스퀘어의 별명이 '우주의 중심',

'세계의 교차로'라고 소개돼 있다. 1년 중 어느 날이라도 광장 한가운데 있는 TKTS의 빨간 계단에 앉아 사람들을 보고 있노라면 그 말에 금세 공감이 간다.

사실 타임스퀘어는 광장이라고 하기에는 너무 좁다. 세로로 뻗은 7번가(애비뉴)와 가로로 난 42번가부터 빨간 계단이 있는 47번가까지 여섯 블럭에 걸쳐 있다. 맨해튼을 대각선으로 가로지르는 브로드웨이가 이 구간을 거친다. 하지만 일방통행인 도로를 기준으로 인도는 좁고 양옆으로는 높은 빌딩이 솟아 있어 길쭉한 모래시계 모양인 타임스퀘어를 두고 탁 트인 광장이라 부르기엔 뭔가 조금 아쉽다. 게다가 평상시에는 모래시계의 반쪽, 티켓박스가 있는 쪽만 광장으로 사용하니 아쉬움은 더하다. 어마어마한 공간을 공원으로 만들어버린 센트럴 파크의 도시 뉴욕의 상징으로는 정말 왜소한 규모가 아닐 수 없다.

그러나 타임스퀘어를 명소로 만든 것은 장소성이 아니다. 콘텐츠다. 그 안에서 살아 움직이는 사람과 광고판과 공연과 쇼핑몰, 그 모든 것이 어우러져 만들어지는 혈기 왕성한 시너지가 가장 뉴욕스러운 모습을 빚어낸다. 브로드웨이 뮤지컬이 너무 비싸서, 혹은 티켓이 없어서 못 봤다고 아쉬워할 필요 없다. TKTS의 빨간 계단 위에서 바라보는 타임스퀘어의 전경이 더 스펙터클하고 드라마틱한 뮤지컬이다. 수많은 광고판을 밝히는 네온사인이라는 무대 세트, 도시의 소음이 만들어내는 음악, 뉴요커와 관광객들의 '열연'. 난 VIP석에 앉아 공짜 공연을 보고 있다. 그렇다. 뉴욕은 하나의 쇼다.

@타임스퀘어: 시간을 채운 광장

「스트레인지 데이즈Strange Days」라는 영화가 있었다. 랠프 파인즈가 출연한 1996년 영화인데, 1999년 12월 31일 뉴욕을 배경으로 한다. 1999년을 끝으로 지구의 종말이 올지도 모른다는 음울한 묵시록적 불안을 잘 표현한 영화다.

인상적이었던 건, 주인공의 활약으로 무사히 2000년 1월 1일을 맞은 뉴욕의 모습이었다. 새해를 맞는 카운트다운이 끝나자 불꽃놀이와 함께 타임스퀘어를 뒤덮는 색종이, 색종이, 색종이들⋯⋯. 나는 그것이 영화를 위한 특별한 설정이라고 생각했는데, 나중에 그것이 볼 드롭Ball drop이라는 이름의 뉴욕 신년맞이 축제의 한 모습이라는 것을 알게 됐다.

볼 드롭은 말 그대로 떨어지는 공을 뜻한다. 해가 바뀌는 순간, 카운트다운의 마지막에 43미터 높이의 타임스퀘어 빌딩에서 불꽃놀이와 함께 거대한 공이 터지면서 어마어마한 양의 색종이가 날려 새해가 시작되었음을 축복한다. 흔한 불꽃놀이와 색종이의 조합이 아니다.

볼 드롭에서 흩뿌려지는 색종이들은 거대하고 화려한 타임스퀘어의 광고판들을 가려버릴 정도로 어마어마한 양이다. 우리나라에서도 연말이 되면 특별 방송이나 특선 영화를 방영하다가 잠시 방송을 멈추고 보신각 타종 상황을 중계하듯 미국에서도 CNN을 통해 수많은 사람이 타임스퀘어의 새해맞이 볼 드롭을 함께한다. 나아가 수많은 뉴요커와 관광객이 이 색종이를 직접 맞으려고 뉴욕으로 몰려든다. 뉴욕은 이렇게 새해의 첫 시작을 타임스퀘어의 축제로 연다.

타임스퀘어가 기념하는 시간은 '새해의 첫 시작'만이 아니다. 타임스퀘어는 역사적으로 중요한 수많은 순간과 시간으로 채워진 타임캡슐이다. 대표적인 예로 수병과 간호사의 키스 사진이 있다. 1945년 제2차 세계대전 종전을 자축하며 쏟아져 나온 인파 속에서 한 수병이 간호사에게 키스하는 사진이 「라이프」지에 실렸다. 그 제목은 「대일 전승일의 타임스퀘어」. 사진의 배경을 자세히 보면, 타임스퀘어라는 걸 알 수 있다. 마블의 히어로 캡틴 아메리카가 주연인 영화 「퍼스트 어벤져 The First Avenger」의 마지막 장면도 이곳을 배경으로 한다. 지금도 많은 커플이 이곳에서 프러포즈를 한다. 뉴욕을 방문하는 이라면 누구나 타임스퀘어에서 나름의 '타임', 즉 시간을 추억으로 담아간다.

그렇다면 이 시간이라는 요소를 가장 잘 활용하는 건 누굴까? 바로 광고다.

타임스퀘어를 정의하는 것은 단연 광고판이다. 현대 자본주의에서

시선, 즉 노출은 돈이다. 거대하고 화려한 광고판들은 쉴 새 없이
빛나면서 다양한 브랜드를 각인시킨다. 타임스퀘어의 광고판들은
마치 명예의 전당에 오른 것처럼 자신만만한 표정으로 여행자들을
내려다보고, 타임스퀘어의 여행자들은 광고판에 둘러싸인 광장이 세상의
중심이라고 느끼며 셀카를 남긴다.

과연 자본주의의 중심이라고 부를 만한 것이, 드롭 볼을 떨어뜨리는
원타임스퀘어 빌딩이 광고로 벌어들이는 수익은 2012년 기준으로
연간 2300만 달러(271억 원)다. 타임스퀘어는 그야말로 시간을 파는
시장이라고 할 수 있다. 돈이 문제가 아니다. 광고하고 싶은 광고주가
줄을 서 있다. 한 번 계약하면 5년 혹은 10년 단위로 하고, 계약이 끝나도
한 번 '타임스퀘어 빌보드'에 입성한 기업들은 물러날 생각을 하지
않는다. 타임스퀘어를 도배하다시피 한 광고판들이 1년 동안 버는
금액을 상상하기 어렵지 않다.

타임스퀘어의 현란한 광고판을 바라보면서 문득 건물 외벽을
광고판으로 활용할 생각을 한 건 누구일까 궁금해졌다. 사람들이 늘 보는
신문에 꼭 필요한 몇 글자를 싣거나 오가는 거리에 벽보를 붙이던 시절,
누가 건물의 이마에 불빛을 밝혀 광고할 생각을 했을까? 찾아보니
더글러스 리Douglas Leigh라는 인물이었다. 네온사인 광고로 뉴욕의
풍경을 바꾼 사람이다.

대학을 중퇴하고 달력 광고를 만들다가 옥외 광고를 만들던 그는
묘수를 떠올렸다. 커피 광고를 맡은 리는 간판에 커다란 커피잔을 그린

뒤 커피잔에서 김이 모락모락 나도록 수증기 배출 장치를 설치했다.
간판 앞을 지나는 뉴요커들은 빌딩 외벽의 커다란 광고판 속 커피잔에
갓 내린 커피가 있다는 상상을 하지 않았을까? 어디선가 커피향이 나는
것도 같았을 것이다. 이 광고로 유명해지자 그는 담배 브랜드 카멜의
광고에도 같은 기법을 적용시켰다. 광고판의 모델 입에 구멍을 뚫어
스팀 배출구에서 담배 연기처럼 도넛 모양의 연기가 나오도록 한 것.
1940년대의 일이다. 제2차 세계대전이 끝나고 호황이 찾아오자
뉴욕, 특히 타임스퀘어는 그야말로 광고로 넘쳐났다. 첫 전성기였다.

이후 TV가 보급되기 시작하면서 타임스퀘어는 쇠락하기 시작했다.
리의 시도 같은 획기적인 광고는 줄어들었고 비슷하고 빤한 광고들이
시야를 가득 채워 그야말로 공해 수준으로 추락했다. 사람들은 난잡한
타임스퀘어를 외면했다. 1970년대 타임스퀘어의 모습은
로버트 드니로의 영화「택시 드라이버Taxi Driver」에 잘 나와 있다.
극장에서는 포르노를 상영하고, 거리에는 매춘부와 마약을 사고파는
이들이 넘쳐났다. 온 가족이 나들이를 즐기고 연극과 영화를 보는
타임스퀘어의 모습은 흔적도 없었다.

잠시 귀국한 군인이나 외항선을 타고 뉴욕항에서 내린 선원들이
어슬렁거리던 타임스퀘어는 1980년대 세운상가와 청량리를 합쳐놓은
모양새에 가까웠다. 시민들은 더 이상 타임스퀘어를 찾지 않았고, 관객을
잃은 극장들은 자연스레 쇠락했다. 공연을 올리지 못하거나 오래된
시설을 보수하지 못해 다른 곳으로 떠나거나 문을 닫는 경우가 늘었다.

사람들은 더욱더 TV 앞으로 모여들었다. 때마침 LA에 할리우드가
생기면서 연예 사업 역시 뉴욕에서 발붙일 곳을 잃었다. 도시는 계속
확장됐고, 타임스퀘어 동쪽의 오피스들이 경제 성장에 따라 세를
확장하면서 타임스퀘어를 위협했다.

"안 그래도 골칫거린데, 그냥 밀어버리지? 새 빌딩들을 지어 멋지게
재개발하면 좋잖아."

쉽게 할 수 있는 생각이다. 하지만 뉴요커들은 타임스퀘어의 의미에
대해 스스로에게 질문을 던졌다. 요즘 요행하는 말로 "타임스퀘어란
무엇인가?" 정체성을 물은 것이다. 그들은 오랜 역사를 가진
타임스퀘어가 뉴욕 사람들에게 충분히 의미가 있으며 당시의 환멸스러운
모습에도 불구하고 잘 개발하면 뉴욕의 상징이 될 수 있다고 생각했다.
콜럼버스의 달걀처럼, 지금의 타임스퀘어를 보면 누구나 쉽게 생각할 수
있는 일이지만 마약과 성매매, 총기 사고가 반복되는 공간을 두고 의미니
상징이니 주장하기는 쉽지 않았을 것이다. 어쨌든 뉴욕 시민들은
공연 문화를 비롯한 예술은 중요한 가치이고 이를 지켜야 한다는 데 뜻을
모았다.

뉴욕의 뒤안길로 물러나던 타임스퀘어가 다시 뉴욕의 전면으로
나선 건 그즈음이었다. 지금의 타임스퀘어를 탄생시킨 건 공중권에 대한
적극적인 해석과 니고시에이티드 조닝 negotiated zoning이란 개념이다.
적당히 타협한 지역이라는 뜻인데, 침범해서는 안 되는 건축 한계선을
융통성 있게 적용하겠다는 뜻이다. 건축 한계선을 침범한 만큼 다른

부분에서 공간을 아끼면 건축 허가를 내줬다.

건축 한계선을 커트라인 개념이 아니라 평균 개념으로 만들어 어느 정도 개성 넘치는 건축을 장려한 것. 시민들이 걸어 다니는 길에 접한 입구 면(파사드)은 50% 이상 유리로 장식하도록 해 개방된 느낌이 들게 했다. 건물의 안과 밖이, 그리고 건물 안의 사람과 밖을 지나는 사람이 섞이고 교감하는 공간을 내도록 배려했다. 나아가 다른 지역에서는 규제 대상이었던 조명을 극장 지구에서는 거꾸로 화려하게 치장하도록 권장했다. 덕분에 지금의 타임스퀘어가 탄생할 수 있었다. 그냥 자연스러운 '진화'만은 아니었던 것이다.

타임스퀘어라는 금싸라기 상권을 건물로 빽빽이 채우지 않고, 대신 이름 그대로 '시간'으로 채운 것은 신의 한 수였다. 시간이라는 상품은 공간과 달리 무한정하고 비용이 많이 들지 않는다. 지금 사람들이 보는 타임스퀘어와 작년에 사람들이 본 타임스퀘어는 엄연히 다르다. 다른 광고, 다른 쇼, 다른 상점, 다른 사람들……. 그래서 관광객들은 계속 타임스퀘어에 돌아와 또 돈을 쓴다. 타임스퀘어뿐만이 아니다. 뉴욕이라는 도시의 역동적인 '시간의 상품화'는 관광객들의 재방문율을 높였다.

유럽의 도시들이 '변하지 않아서' 좋다면, 뉴욕은 끊임없이 '변해서' 좋다. 마치 "네가 본 뉴욕은 오늘이 마지막이야. 내년에 올 때는 더 흥미진진한 뉴욕을 기대해도 좋아!"라고 도시가 말하는 것 같다. 뉴욕은 살아 있다.

NEWYORK

NEW YORK

맨해튼의 중심인 타임스퀘어.

아침부터 밤늦게까지 관광객들의 움직임으로 부산한 곳이다.

뉴욕이라는 도시가 가진 생명력을 가장 확실히 느낄 수 있다.

뉴욕을 방문한 관광객이 가장 먼저 들르는 장소로, 아침부터 전 세계에서 모여든 관광객들로 가득하다.

낮보다는 밤이 더욱 매력적인 곳.

우리에게 친숙한 자유의 여신상이나 네이키드맨(벌써 3대째라고)과 사진을 찍는 관광객이 많다.

수많은 LED 광고판으로 뉴욕 맨해튼에서 가장 화려한 곳이다.

@브로드웨이: 뮤지컬 생태계

　우리나라에도 뮤지컬 팬이 많다. 거리에서 적지 않은 뮤지컬 포스터를 만나는데, 그중에서도 수준을 보증하는 한 구절은 역시 "브로드웨이 뮤지컬!"이 아닐까? 그 브로드웨이가 이곳 뉴욕 맨해튼 타임스퀘어 주변에 있다.

　브로드웨이에서는 35개 정도의 뮤지컬이 공연되고 있었다. 「알라딘Aladdin」, 「시카고Chicago」, 「크리스마스 캐럴Christmas Carol」, 「라이언 킹Lion King」 등 이름을 대면 알 만한 작품은 거의 다 있다고 보면 된다. 공연장이 그다지 많지 않아 제한된 기간에 한해 공연하는 '리미티드 런'과는 달리, 공연이 종료되는 시점을 특정하지 않고 몇 날 혹은 몇 년 동안 계속 공연을 이어가는 '오픈 런' 방식으로 대부분의 공연이 이루어진다. 「위키드Wicked」 같은 작품은 2003년 초연한 이래 지금껏 공연하고 있다.

　뮤지컬 관객의 특징은 소위 'N차 관람'이라고 부르는 반복 관람이다. 우리나라에서도 「맘마미아!Mamma Mia!」 같은 뮤지컬은 잊을 만하면

재공연하는데, 그때마다 관객이 끊이지 않는다. 재상영하는 영화가
없진 않지만 큰 반응을 일으키지 못하는 것과는 대조된다.
뮤지컬 팬이라고 자칭하는 사람이라면「시카고」나「위키드」를
우리나라에서 봤더라도 본고장 브로드웨이에서 원전을 보고 싶은 마음이
드는 것은 당연지사. 브로드웨이 뮤지컬이 마르지 않는 샘물처럼 관객을
그러모을 수 있는 이유다.

　브로드웨이 뮤지컬은 관람료가 비싸다. 원하는 시간에 원하는 작품을
보기 위해 편하게 예매하려면 인터넷 사이트에 들어가야 하는데,
티켓 가격에 수수료까지 더해진다. 티켓을 가장 편하지만, 가장 비싸게
사는 방법. 하지만 대부분의 공연이 할인 티켓을 제공한다.
남은 티켓을 반액으로 판매하는 타임스퀘어 광장 부스TKTS,
잔여 티켓을 극장 박스오피스에서 판매하는 러시 티켓, 입석으로
볼 수 있는 스탠딩 룸 티켓, 현장에서 추첨해 파격적인 가격으로
제공하는 로터리 티켓까지 정말 다양하다. 심지어 이미 매진된 티켓을
다시 사는 방법도 있다. 복잡한 티켓 판매 방식을 쉽게 요약하면,
돈이 넉넉해 편하게 구매하고 싶으면 비싼 인터넷을 이용하고,
절약하고 싶으면 줄을 서든가 당첨의 확률을 노려보자.

　이런 복잡한 가격 체계를 어떻게 봐야 할까? 나쁘게 보면 이윤
극대화를 위한 지극히 자본주의적 발상으로 볼 수 있다. 경제학 용어를
빌려 설명하면, 소비자의 주머니 사정에 따라 가격을 차별화해서
평균적인 단일가로 판매할 때보다 소위 '소비자 잉여'를 판매자들이

더 많이 긁어낼 수 있다. 하지만 좋게 보면 그 덕에 주머니가 가벼운
여행객들도 시간과 노력의 품을 팔아 저렴하게 브로드웨이 뮤지컬을
경험할 '기회'를 가질 수 있다.

   이런 기회의 사례는 또 있다. 뉴욕의 박물관들은 특정한 요일과 시간을
정해 무료 또는 원하는 만큼만 돈을 내는 기부 입장을 실시한다.
그런 날에는 그냥 1달러만 기부하고 들어가도 누구도 뭐라 하지 않는다.
이러한 정책으로 누구나 문화를 즐길 수 있도록 배려하는 것이다.
복잡하기 그지 없는 브로드웨이 뮤지컬의 티케팅 방식 역시 이런
맥락일 것이라고 선의로 해석해본다.

   뉴욕에 뮤지컬만 있는 것은 아니다. 수적으로는 연극을 더 많이
공연한다. 뮤지컬은 오래 상연되고 포스터가 여기저기 붙어 있기 때문에
뉴욕이 뮤지컬의 도시인 것처럼 느껴지지만, 사실 뉴욕의 연극 기반은
무척 탄탄하다. 우리나라에서도 영화나 TV 드라마를 좌지우지하는
이른바 '신 스틸러' 배우들은 사실 대부분 연극배우 출신이다.
영화·TV·뮤지컬이 응용학문이라면 연극은 순수학문이라고나 할까?

   연극은 공연 생태계의 기반이니 뉴욕의 연극이 활발한 것은 당연한
일이다. 연극도 브로드웨이의 1000석 이상 규모의 극장 무대에 올라가는
대중적인 대작과 오프 브로드웨이의 작은 극장에서 공연하는 실험적인
작품이 공존한다.

   오프 브로드웨이에서는 「스텀프Stomp」나 대사가 없는 넌버벌
퍼포먼스 「푸에르자부르타Fuerza Bruta」같은 공연도 자주 무대에 오른다.

우리나라의 「난타」나 「점프」도 이곳에서 공연한 적이 있다.
영어가 짧은 관광객에게 제격일 것이다. 영어에 능숙하다면 코미디
공연도 관람해보자. 영화에서 가끔 보는 스탠딩 코미디 공연은
오프 브로드웨이의 자랑이다.

브로드웨이 극장가를 세심하게 살펴보면, 돈 되는 큰 공연만 있는 것이
아니라 실험성 강한 소규모 연극부터 전세계에 팔려 나가는 대규모
블록버스터 뮤지컬까지 참으로 거대한 '생태계'가 조성돼 있다는 데
감탄하게 된다.

뉴욕에서 가장 부러운 건 높은 빌딩이나 재미있는 뮤지컬 하나가
아니라, 그것을 만들어내는 생태계다. 창의력을 연료로 열정을 불태우는
젊은이들과 이들을 뒷받침하는 기반 시설, 거기에 이윤을 창출할 수
있게 돕는 자본, 그것을 자·유·롭게 허용하는 규제의 유연성,
세계에서 몰려드는 소비자들, 그것을 보고 새로운 열정으로 뛰어드는
창의적 젊은이들이다.

뉴욕처럼 문제 많은 도시가 없다지만, 이 생태계는 역시 뉴욕이니까
가능한 일일 것이다. 거대한 선순환의 동어 반복이다.

@5번가와 7번가: 쇼핑 천국의 자구책

　어두워진 후 타임스퀘어에 서면 대형 LED 광고판의 존재감이 두드러진다. 마치 긴장감을 감춘 배우가 무대에 오르면 화려한 무대가 밝아지고 배우에게 조명이 비추듯, 맨해튼 중심에 왔다는 흥분을 달래며 타임스퀘어에 서면 빨간 계단과 화려한 LED 광고판이 여행자에게 쏟아진다. 이 빛의 홍수에 익숙해지고 나면, 이어 눈길을 *끄*는 것은 단연 인근의 상점들이다.

　아이들이 정신 못 차리도록 좋아하는 디즈니 상점은 눈길이 연말 레이저쇼처럼 정신없이 왔다 갔다 하는 아이들과 아이들을 자제시키려는 부모들로 한가득이어서 들어가는 것조차 어렵다. 그 옆 초콜릿 천국 M&M은 어른 아이 할 것 없이 초콜릿을 주제로 한껏 발휘한 상상력의 산물들에 입이 떡 벌어질 지경이다. 초록색 초코볼에 새겨진 자유의 여신상, 자유의 초콜릿 땅콩상 등 기발한 상품이 한가득이다.

　뉴욕이라는 거대한 쇼가 이번엔 상점이라는 무대에서 펼쳐지는 것만 같다. 물론 주인공은 이곳을 오가는 모든 이다. 번쩍거리는 광고판이 우리에게 이렇게 속삭이는 것 같다. "어서 와. 타임스퀘어는 처음이지?"

학생 때 지리 시간에 뉴욕을 이렇게 외웠던 기억이 난다. "세계 상업의 중심지." 상업의 중심지라는 것은 유통이 발달했다는 뜻이다. 소비자의 입장에서 얘기하면 쇼핑하기 좋다는 얘기다. 그렇다. 뉴욕은 오랫동안 쇼핑의 천국이었다.

지금도 겉으로 보면 뉴욕은 세계 쇼핑의 1번지다. 거리의 모퉁이를 돌 때마다 관광객의 마음을 흔드는 매력적인 브랜드의 시그너처 숍들이 무심하게 간판을 걸고 있다. 나름 관광지라고 하는 곳마다 '뉴욕 선물' 가게는 왜 또 그렇게 많은지!

하지만 속내를 자세히 살펴보면 이 쇼핑의 수도는 느리지만 분명하게, 그 모습을 바꾸고 있다. 언제 찾아도 사람들로 북적이는 타임스퀘어에서 두 블럭 건너편의 5번가는 이른바 '명품' 거리로 유명하다. 미국 고급 백화점의 대명사라는 '삭스 피프스 에버뉴'의 5번가Fifth Ave.가 바로 여기다. 영화 「티파니에서 아침을Breakfast At Tiffany's」에서 오드리 헵번이 보석을 구경하던, 영화가 나온 지 60년이 돼가지만 아직도 전설처럼 회자되는 그 장면 속의 티파니도 이 거리에 있다.

그런데 역사를 자랑하는 뉴욕의 진정한 명품 거리 5번가에서 유명 브랜드들이 철수하는 현상이 나타나고 있다. 갭GAP은 2019년 초 5번가의 플래그숍을 폐점했다. 그보다 먼저 폴로 랄프로렌이 물러났다. 아직 5번가가 을씨년스럽다고 할 정도는 아니지만 세계적인 명품 브랜드들이 잇따라 철수하는 것은 분명 수상하다.

NEWYORK

수많은 관광 인파를 자랑하는 명품 쇼핑 거리 5번가fifth Ave..
애플스토어를 포함해 모든 명품 상점을 한번에 만날 수 있는 곳이다.
5번가 입구에 「나홀로 집에Home Alone」를 비롯해 많은 영화에 등장한 프라자 호텔과
실제로 트럼프가 거주했다는 트럼프타워가 자리하고 있다.

그 원인으로 먼저 꼽을 수 있는 것은 과도하게 상승한 임대료다. 5번가에서도 가장 임대료가 비싼 지역은 49번가부터 60번가까지다. 남쪽으로는 록펠러 센터가 있는 곳에서 북쪽으로는 센트럴 파크가 있는 곳까지. 이 지역의 임대료는 제곱피트당 연 3000달러. 매장이 10평 정도라고 하면 연간 12억 원이고, 100평이라면 120억 원이다. 비싸긴 비싸다. 그렇다 해도 세계 전역에서 막대한 매출을 창출하고 있는 글로벌 브랜드들이 쇼핑의 상징 같은 맨해튼 5번가에서 임대료 때문에 철수한다는 것은 조금 이상하다. 여기에는 보다 근본적인 원인이 있다.

미국에서는 '아마존화Amazonization'라고 부르는 현상이 만연되고 있다. 온라인 · 모바일 등 비대면 쇼핑의 확산을 이르는 말인데, 그 영향이 갈수록 커지고 있다. 장난감의 메카로 유명한 토이저러스는 파산했고, 백화점 메이시스와 JC페니도 파산 위기에 몰렸다는 뉴스가 들린다. 이런 분위기 속에서 럭셔리의 대명사인 니먼 마커스와 노드스트롬은 혁신의 노력을 본격적으로 보여주려는 모양새다.

니먼 마커스는 새롭게 부상하는 허드슨 야드에 둥지를 틀면서 재도약에 나섰다. 오프라인의 몸집을 줄이고 온라인 서비스를 확충하겠다고 공공연하게 발표하기도 했다.

전통적인 오프라인 매장의 변신 노력은 처절하다. 특히 최근에 개발된 허드슨 야드의 쇼핑몰에선 이른바 온-오프 믹스를 위한 다양한 실험이 진행 중이다.

보통 오프라인 리테일 숍에서는 원하는 사이즈와 색상의 옷을 입어보고 맞는 제품을 사서 들고 나간다. 클릭 한두 번으로 제품을 살 수 있는 온라인과 달리 오가는 번거로움이 있지만 제품을 눈으로 확인하고 내 몸에 맞는지까지 확인할 수 있다는 장점이 있다. 허드슨 야드의 쇼핑몰에서는 옷을 입어볼 수 있지만 제품을 들고 나가는 경우는 드물다. 인터넷으로 제품의 상세정보를 보듯 실제 제품을 만져보고 입어본 뒤 현장에서 온라인 쇼핑으로 주문하면 집으로 배송! 급하게 필요한 한두 벌이 아니라 필요한 여러 가지 것을 쇼핑할 때 손이 부족해 낑낑대는 모습은 뉴요커에게 어울리지 않는다는 듯, 1개를 사든 100개를 사든 한 손은 주머니에 찔러넣고 한 손에는 커피를 들고 다닐 수 있다. "너희, 어차피 온라인으로 사잖아. 알아. 하지만 궁금하잖아. 경험, 중요하잖아. 실컷 둘러봐." 속삭이는 것 같다.

영화 「위대한 개츠비 The Great Gatsby」에 나와 유명해진 '브룩스 브러더스'라는 양복 브랜드가 젊은이를 위한 캐주얼 서브 브랜드 '레드플리스'를 만들었는데, 플랫아이언 빌딩 인근의 레드플리스 매장은 카페 같은 모습이다. 『트렌드 코리아』에서 카페화 caferize라고 이름 붙인 것인데, 상품 매장이 카페를 겸업하는 현상이다. 온라인 채널의 발달로 오프라인 매장에 사람들이 잘 방문하지 않으니, 온라인으로는 얻기 힘든 경험, 예컨대 카페의 향긋한 커피로 손님을 이끌고 이를 매출로 이어가자는 전략이다. 요즘에는 백화점이나 쇼핑몰의 목 좋은 곳에 전국각지의 맛집이나 카페를 유치하는 경우가 많은데, 모두 같은 맥락이다.

57번가와 브로드웨이가 만난 곳에 자리한 노드스트롬 백화점은 이런 온-오프 믹스 노력의 종합판이라고 할 만하다. 매장 안에 커피와 칵테일을 즐길 수 있는 바를 만든 것은 물론이고, 온라인에서 구매한 상품을 여기서 가지고 가든지, 예약한 옷들을 여기서 입어볼 수 있게 하고 이어 구매한 후 집으로 배송시키거나, 상점에서 수선까지 마칠 수 있도록 하는 서비스를 종합적으로 제공하고 있다.

우리나라에서도 온라인·모바일 쇼핑의 발달로 오프라인 쇼핑몰·백화점·마트·편의점 등이 나날이 혁신적인 모습을 보여주고 있다. 이러한 글로벌한 현상이 쇼핑의 수도에서 가장 실험적인 모습으로 나타나는 것은 어쩌면 당연한 일 아닐까?

뉴욕을 계속 지켜볼 수밖에 없는 이유는 뉴요커들이 앞으로 어떤 해법을 보여줄지 궁금하기 때문이다. 우리는 타임스퀘어를 보존하고 마천루를 올리는 과정에서 뉴요커들이 보여준 태도, 만들어낸 해법, 그리고 탁월한 결과를 낳은 결정들을 봐왔다. 해법이 쉽게 나올 것 같진 않다. 건물주들은 담합해서 임대료를 내리지 않으려 하고, 시 역시 쉽게 손을 쓸 수 없는 상황이다. 소매업의 종말이라는 섬뜩한 표현이 일상화되면서 비싼 임대료를 감당할 수 있는 매장은 점점 줄어들고 있다. 뉴요커들이 또 다시 자신들만의 답을 찾아낼 수 있을까?

@예술: 건물 안과 건물 밖 미술관

'콘텐츠로서의 뉴욕'을 이야기할 때 빼놓을 수 없는 것이 미술이다. 사실 우리는 미술이라고 하면 프랑스 파리를 먼저 떠올린다. 우리가 미술 시간에 배운 위대한 미술가들은 모두 파리로 모여들어 새로운 사조를 만들어냈다. 적어도 제2차 세계대전 때까지는 그랬다. 이후 현대미술의 물줄기는 뉴욕으로 옮겨갔다고 해도 과언이 아니다. 예술 역시 예술가의 재능만이 문제가 아니다. 후원자, 화랑, 큐레이터, 비평가, 그리고 컬렉터가 이뤄내는 생태계의 문제다. 제2차 세계대전이 끝난 후 미국은 막강한 국력을 바탕으로 이 새로운 생태계를 조성해냈고, 그 중심지 뉴욕이 세계 미술, 특히 현대미술의 새로운 수도로 등극하게 됐다.

미술에 조예가 깊지 않더라도 모마MOMA, Museum Of Modern Art라는 이름은 한 번쯤 들어봤을 것이다. 유명한 반 고흐의 〈별이 빛나는 밤〉을 소장한 곳이다. 작품이 아니라도 모마의 기념품 혹은 그 모조품을 서울의 아트숍에서 파는 모습을 자주 봤다. '모마 디자인 스토어'는 감각적인 상품을 선호하는 소비자들이 즐겨찾는 쇼핑 장소이기도 하다. 모마는 맨해튼 미드 타운에 있어 잠깐 들르기도 쉽다.

모마보다 진지한 미술관으로 메트로폴리탄 미술관이 있다. '메트'라고 줄여부르는 이곳은 비단 미국뿐만 아니라 세계적으로도 규모가 큰 미술관이다. 이 두 곳을 가봤다면 세계에서 가장 유명한 미술관을 방문한 셈이다. 여기에 구겐하임 미술관과 휘트니 미술관을 더하면 뉴욕 4대 미술관이 된다. 그뿐이랴. 뉴욕 곳곳에는 미술관이 많다. 최근 '○○에서 한 달 살기'가 유행이라는데, 미술을 사랑하는 누군가가 뉴욕에서 한 달을 산다면, 다른 일은 아무것도 못 하고 미술관만 돌다가 귀국할지도 모른다.

미술관도 갤러리도 좋지만, 역시 뉴욕 하면 떠오르는 것은 '벽화', 그것도 그래피티, 낙서 벽화다. 처음 뉴욕에 갔을 때는 키스 해링이나 장 바스키아의 벽화가 모퉁이만 돌면 나타날 줄 알았다. 그 정도는 아니었지만, 군데군데 감각적인 벽화들이 시선을 끌었다. 벽화는 거리 풍경을 찍을 때나 프리젠터가 목적지를 찾아가는 장면에서 화면을 생동감 있게 만들어주기 때문에 촬영감독들이 아주 선호했다. 이번 촬영에서도 많은 벽화 밑을 빨리, 그리고 천천히 여러 번 걸었다.

뉴욕에는 조형물도 적지 않다. 월스트리트의 유명한 '돌진하는 황소'를 비롯해 L·O·V·E 네 글자가 쌓여 있는 로버트 인디애나의 러브는 뉴욕의 상징이다.

한때 더럽고 위험하기로 악명이 높았던 뉴욕 지하철을 빛내는

NEWYORK

다양성을 존중하는 미국 뉴욕의 정서가 곳곳에 벽화 문구로 표시되어 있다.
임파서블 버거(식물성 패티)를 먹어보기 위해 방문한 레스토랑 색슨앤파롤에서 발견한 벽화.
색슨앤파롤은 가장 먼저 임파서블 버거를 선보인 5개 레스토랑 중 하나로, 미슐랭 스타에 오른 맛집이기도 하다.

공공 미술 작품도 적지 않다. 타임스퀘어 역의 리히텐슈타인 벽화나 8번가 역의 '지하의 삶' 조형물이 그것이다. "아는 만큼 보인다"고 했던가? 심미안의 눈을 밝히고 뉴욕을 걷다 보면 구석구석에서 작은 탄성을 터뜨리게 하는 시각적 체험을 쉬지 않고 할 수 있다.

우리나라에도 언제부턴가 벽화 거리가 인기다. 부산 감천마을과 통영 동피랑마을은 꼭 가봐야 할 명소가 됐고, 서울에도 이화동이나 홍제동에 유명한 벽화 마을이 있다. 보는 사람의 취향에 따라 이들 벽화에 대한 평가는 다를 것이다. 하지만 가장 문제라고 생각하는 점은 이들 벽화가 지나치게 관광객을 의식한 나머지 인스타그램에 올리기 좋은 알록달록한 그림만 가득하지 않은가 하는 점이다.

또 일정 규모 이상의 건축물을 신축할 때는 건축비의 1%에 해당하는 예술조형물을 설치할 것을 규정한, 소위 '1%법' 덕분에 시내 곳곳의 건물 앞에서 이런저런 조각품을 만날 수 있다. 하지만 그 압도적인 수에도 불구하고 기억에 남을 만한 인상적인 작품을 손에 꼽기는 쉽지 않다.

서울이나 광역시의 도심 곳곳에서 예술적 향취나 활력을 느낄 수 있는 벽화나 조형물 사이를 아무렇지도 않은 듯 산책할 수 있으려면 우리에겐 무엇이 필요할까?

작은 맺음말: 트렌드는 생태계다

창 너머 워싱턴 스퀘어에는 20세기 대중문화사가 통째로 담겨 있다.
잭슨 폴록이며 빌럼 데 쿠닝이 어울리던 선술집 시더 태번부터 뉴욕대학교,
밥 딜런과 지미 핸드릭스, 앨런 긴즈버그와 비트족, 9번가를 지나 크리스토퍼가,
그리고 스톤월 레볼루션의 동성애자 인권 운동까지, 우리가 아는 그 세상이
바로 이곳에서 나고 숨 쉬었으며 또 진화할 것이다. 아름다운 동네이자
낙원이고, 혼이 쏙 빠지도록 정신없다가도 잠잠해지는 지역이다.

마테오 페리콜리, 『창밖 뉴욕』 중에서

여행을 단순한 관광tour이 아니라 진짜 여행travel으로 만드는 것은
무엇일까? 경험이다. 우리가 여행을 하는 궁극적인 목적은, 그것이
트렌드든 인생이든 혹은 나 자신이든 하나의 통찰을 얻기 위해서인데
그 통찰은 그냥 구경만으로는 나오지 않는다. 통찰은 경험에서 나온다.
우리가 여행지에 도착해서 제일 먼저 눈길을 주는 것은 웅장한 자연이나
화려한 조형물이지만 그것들이 눈에 익고 나면 진짜 경험이 시작된다.

이때 우리를 돕는 것은 그 지역이 숨겨놓은 콘텐츠들이다. 서울에
비슷비슷한 건물이 많아도 지역에 따라 그렇게 땅값이 다른 이유는
"결국 어떤 경험을 제공할 수 있는 지역인가?"에 달려 있는 문제다.

그런 점에서 보면 뉴욕의 진짜 매력은 하늘을 긁을 듯한 높은
건물보다, 도심 속 오아시스 같은 드넓은 공원보다, 그 안을 가득 채우는
음식·공연·전시·쇼핑 같은 다채로운 경험들이 아닐까?

뉴욕은 이 경험의 밀도가 세계 어느 곳보다 압도적으로 높은 곳이다.
가장 적게 움직이면서 가장 많은 경험을 할 수 있다. 그렇다면 뉴욕이
이 경험의 밀도를 높일 수 있었던 결정적인 비결은 무엇일까?

나는 '생태계'라고 생각한다. 거대한 아마존의 정글처럼 다양한
생물들이 무질서해 보이지만 서로 상보관계를 이루어 만들어가는
생태계. 인간과 기술과 문화와 자본과 세심한 정책이 어우러져 만들어낸
이 혁신과 창의의 생태계는 쉽게 혹은 단기간에 흉내낼 수 없다.
이 같은 생태계를 조성하기 위해서 필요한 것은 믿음이다. 그대로 두면
다소 문제가 있더라도 결국에는 자정 작용을 통해 제 길을 찾아낼
것이라는 믿음과 인내력이 생태계를 만든다.

뉴욕은 한때 '다스릴 수 없는 도시 The Ungovernable City'라고 불릴 만큼
엉망진창이었다. 하지만 뉴요커와 당국자들은 극단적인 도그마에
빠지지 않고, "뉴욕을 위해 무엇이 최선인가?"에 대한 가장 실용적인
해답을 모색했고, 그 결과 뉴욕은 천천히 진화해 지금의 생태계를
갖추게 됐다.

NEWYORK

트렌드도 마찬가지다. 어떤 연예인의 화제성 돌출 행동으로 반짝 뜨는 유행이 있다. 이런 것은 순간적으로 폭발적인 관심을 끌 수는 있어도, 대개 오래 가지 않는다. 그래서 이런 현상은 트렌드라고 하지 않고 '마이크로트렌드micro-trend' 혹은 '패드fad'라고 한다.

단순한 패드가 아니라, 상당 기간 지속되는 트렌드를 선도하기 위해서는 무엇이 필요할까? 하나의 생태계가 필연적이다. 소비자의 변화를 면밀히 관찰하고 그에 맞는 상품을 기획해 시장에 내놓는 유연한 생산자가 필요하고, 이를 빠르고 넓게 확산시킬 매체media가 필요하며, 그것을 빨리 수용하는 일군의 혁신적 소비가 필요하다. 이러한 순환이 원활할 때, 비로소 패드는 트렌드로 자리 잡는다.

어찌 트렌드 영역뿐이겠는가? 벤처 창업이든, 도시 재생이든, 디자인이든, 혹은 거대한 산업의 발전이든, 모두 생태계의 문제다. 부분에 대증적으로 집착하지 않고 전체를 볼 수 있는 생태적 사고, 우리에게 가장 필요한 것은 바로 이것이 아닐까?

ORCHESTRA OF ALL THE FOODS

ORCHESTRA OF ALL THE FOODS

진정한 뉴요커들은 바깥 세상의 정보를 찾지 않는다.
그들은 뉴욕에 없는 것이 있다면,
그것은 흥미로운 것이 아닐 것이라 생각한다.

지미 브레슬린, 칼럼니스트

음식이 나오자 우리 일행은 모두 환호할 수밖에 없었다. 우리 앞에 블랙 트러플 버섯덮밥과 성게알 파스타가 놓였다. 잘 익은 스테이크와 송로버섯을 얹은 밥이라니. 파스타의 소스는 성게알로 버터크림을 만들고 말린 명란젓을 갈아 얹었다. 홍 셰프 의 말에 따르면 이탈리아에서는 숭어알 말린 것을 보타르가bottarga라 하는데 명란을 같은 방식으로 만들었다고 한다. 유자 소 스를 뿌린 야채와 샐러드처럼 먹○○○○○○○○○○○○○○○○○ 방하고 상상력 가득한 요리는 뉴 욕이기 때문에 가능했을 것이다. 덮밥에 송로버섯과 스테이크를 얹고 파스타에 성게와 말린 명란을 활용한 건 단순히 미국 인들이 잘 먹을 수 있는 한식 혹은 한식 재료를 넣은 서양식의 차원이 아니다. 은하수처럼 반짝이는 세계 여러 나라의 요리들 에서 힌트를 얻고 재미난 실험을 거쳐 다양하게 시도한 끝에 이런 요리가 나오지 않았을까?

음식점에서 주문한 음식이 나왔을 때 식을세라 향이 날아갈세라 숟가락 들고 덤볐던 우리 세대와 달리 밀레니얼 세대는 마 를세라 늦을세라 스마트폰을 들고 음식에 달려든다. 이런 풍경은 우리나라에서나 뉴욕에서나 낯설지 않다. "선사시대先史時代", 즉 사진이 면 시대라고 불리도 될 만큼 사진과 SNS는 우리 생활 속으로 들어왔다. 단순히 예쁜 음식 사진을 SNS 에 공유하며 과시하려는 것이 아니다. ○○○○○ 먹기 전에 눈으로 먼저 맛을 본다. 시각적으로 설레지 않는 음식 은 매력이 없다. 시각적인 요소는 ○○○○○○○○○○○○○○○○○○○○○○○○○○○ 신도 달렸었다. 밀레니얼은 기 업의 마케팅이나 마케팅의 일환○○○○○○○○○○○○○○○○○○○○○○○ 코멘트를 훨씬 중요하게 생각한 다. 이번 여행을 위해에서 선사시대의 ○○○○ 제대로 겪었다. 아주 상징적인데, 애글루Egglloo라는 아이스크림 가게에 들렀다. 맨해 튼 차이나타운에 있는 일 평 크기의 매장이었다. ○○○○○ 만드는 아이스크림을 만드는 공간으로 쓰여 손님들이 머물 수 있는 공간은 서너 평 남짓에 불과했다. ○○○가 도착했을 때 10대 초반으로 보이는 여학생 6명이 아이스크림이 나오기를 기다리며 수다를 떨고 있었다.

"임파서블 버거의 대상 고객은 고기를 먹는 사람들입니다. 채식주의자는 대상 고객이 아닙니다. 채식주의자들은 임파서블 버거를 싫어해요. 냄새와 식감, 맛이 고기와 너무 비슷하기 때문입니다. 그들은 몸과 마음으로 고기를 먹은지 너무 오래되었기 때문에 고기와 비슷한 채식 고기를 사 먹지 않습니다. 고기를 먹는 사람들이 채식주의자로 가는 첫 번째 단계가 임파서블 버거인 셈이죠. 마음은 채식주의자_____니다." 채식주의자를 위한 채식 햄버거가 아닌 육식주의자를 위한 채식 햄버거. 10%가 채 되지 않는 채식주의자보다는 90%가 넘는 비채식주의자를 겨냥해야 사업적으로 의미가 있다. 다르게 보면, 비채식주의자의 10%만 채식주의자, 아니 육식을 포기하지 않되 채식을 즐기는 플렉시테리언flexitarian이 된다고 해도 시장과 지구에 커다란 변수가 될 것이다.

임파서블 버거

여행 막바지에 맨해튼 센트럴파크 동쪽 어퍼이스트사이드의 숙소에서 조승연 작가와 가수 에릭남과 함께 아점으로 버거를 배달시켜 먹기로 했다. 우버이츠로 임파서블 버거와 비욘드미트 버거를 골루 시켰다. 밀레니얼 세대와 그 전 세대인 X세대의 의견이 궁금했다. "먹어보니까 생각보다 괜찮은데요? 햄버거를 굳이 고기 패티로 먹어야겠다는 생각이 안 드네요. 기술이 좀 더 발전하고 어릴 때부터 _____해 이리 느껴요?'라고 생각할 수도 있겠네요."(에릭남, 밀레니얼) "먹을 만한데요. 하지만 저는 그냥 팔라펠falafel(콩을 갈아 튀긴 음식. 사순절에 고기 대용으로 먹기 위해 만들어짐)을 먹겠어요. 그냥 야채로 만든 패티요. 야채도 충분히 맛있게 먹을 수 있잖아요. 근데 이건 햄버거나 타코처럼 다진 고기 들어가는 요리에 다 쓸 수 있을 것 같기는 하네요. 스테이크 같은 통고기는 어렵겠지만."(조승연, X세대)

우버이츠

세프의 성지, 음식의 수도

#퓨전한식 #인스타그래머블 #비건음식 #푸드테크 #가치

음식은 원초적이면서 문화적이다. 인간은 먹지 않으면 죽는다.
원초적이지 않을 수 없다. 하지만 무엇을 어떻게 먹느냐는 강을 하나
건널 때마다 산을 하나 넘을 때마다 크게 달라진다. 우리나라처럼
작은 나라도 지방마다 음식이 다르다. 문화적이지 않을 수 없다.

연말이면 화제가 되는 '식당의 별'을 부여하는 미슐랭은 프랑스의
타이어 회사다. 이 회사의 타이어를 구매한 고객에게 무료로 나눠주던
여행 안내서의 주요 내용이 식당 정보였는데 이것이 발전해서
'미식가들의 성서'라는 별칭까지 얻게 됐다. 여행의 핵심은 음식이라는
사실을 여실히 보여주는 사례다.

그렇다. 여행이란 결국 그 땅의 음식을 먹는 일이다. 음식은 한 지역의 자연적·사회적 환경, 역사와 문화를 담고 있다. 앞에서 얘기했듯 뉴욕에 그렇게 다양한 인종이 섞여 산다면, 음식 문화 역시 그 수보다 적지 않을 것이다. 푸드 트럭의 길거리 음식부터 맨해튼 중심가의 고급 레스토랑까지, 가장 적게 이동하면서 음식의 세계일주를 할 수 있는 곳이 바로 뉴욕이다.

뉴욕에서는 거리 장터 flea market 가 곳곳에서 자주 열린다. 거리 양쪽을 막거나 공원을 통째로 빌려 장터를 연다. 브루클린 이스트강 주변의 스테이트 파크와 프로스펙트 파크에서 열리는 거리 장터는 강변에 위치한 덕분에 맨해튼의 경치를 보며 음식을 즐길 수 있어 주말마다 수많은 관광객이 몰려든다. 매주 일요일이면 맨해튼 34번가에서 열리는 거리 장터도 유명한데, 마침 일요일이라 그곳에 들렀다. 다양한 가게들이 몇 블록이나 되는 거리를 가득 채우고 있었다. 역시 빠지지 않는 것이 길거리 음식들. 허기를 면할 겸 군것질거리를 찾는데, '아레파스'가 눈에 들어왔다. 호떡 비슷한 빵인데 안에 치즈가 들어 있다. 아레파스를 팔던 청년에게 인사를 건넸다. 브라이언이라는 이름의 청년은 콜롬비아에서 왔다고 했다.

"아레파스는 콜롬비아 전통 음식이에요. 토르티아에서 기원했습니다. 아버지가 퀸스에서 회사를 차려 아레파스를 팔기 시작했고, 지금은 뉴욕과 뉴저지에서 팔고 있습니다. 올해로 30년 되었어요. 원래는 콜롬비아 치즈를 사용해야 하는데 여기서는 모차렐라 치즈를

NEWYORK

.

6번가에서 주말마다 열리는 거리 축제.
14~23번가 사이의 긴 길을 따라 다양한 나라의 음식과 물건들이 판매되고 있다.
뉴욕을 배경으로 한 다양한 기념품을 구경할 수 있다.
콜롬비아 음식인 아레파스 안에 모차렐라 치즈를 넣은 모차레파스는 우리나라의 호떡과 거의 비슷한 맛이다.
브라이언은 아버지가 30년 전에 퀸스에서 시작한 사업을 물려받았다고 한다.

넣습니다. 사람들이 좋아하거든요. 닭고기나 돼지고기를 넣어서
샌드위치를 만들기도 합니다. '모차레파스'라고 상표 등록도 했어요."

　뉴욕에서 베이글 정도는 먹으리라 예상했지만 콜롬비아 빵을
먹게 될 줄이야. 뉴욕은 그런 곳이다. 하긴 베이글도 처음엔 브라이언의
레파스와 비슷한 처지였다. 지금이야 누구나 커피와 함께 들고 다니며
즐기는 뉴요커의 상징이 되었지만, 베이글도 처음에는
폴란드·우크라이나·러시아에서 쫓겨난 유대인들이 맨해튼 남동부에
유대인 게토를 이루면서 생계를 위해 만들기 시작한
'유대인들이나 먹는 빵'에 지나지 않았다. 누가 알겠는가?
한 세대가 흐른 뒤에 뉴요커들이 아레파스와 핸드드립으로 내린
콜롬비아 수프리모 커피를 들고 다닐지.

　뉴욕에서는 모든 것이 가능하다.

@맨해튼 5번가: 한식의 새로운 변신

　맨해튼 5번가. 엠파이어 스테이트 빌딩에서 멀지 않은 아시안 퓨전
레스토랑 올투스Hortus를 찾았다. 맨해튼에서도 가장 중심가에 위치한

곳에서 뉴요커를 상대로 한국 음식을 판매하는 곳이라니 그 모습이 궁금했다. 올투스는 뉴욕 한인타운에 있는 한식당과는 외관과 실내가 모두 달랐다. 아주 세련된 파인fine 레스토랑의 모습을 하고 있었다.

식당에 들어서니, 올투스의 홍진애 수셰프Sous-Chef(부주방장)가 우리를 반갑게 맞았다. 홍 수셰프는 우리나라에서 한식 조리를 전공하고 미국으로 건너가 최고의 요리학교 CIAThe Culinary Institute of America를 졸업했다. 2019년 4월에 열린 뉴욕 코촌555Chochon555에서 우승하면서 한국에도 이름이 알려졌다. 이 대회는 미국의 돼지고기 요리 대회로, 돼지 한 마리를 이용해 여섯 가지 음식을 500인분 만들어야 한다. 전통 돼지의 품종을 소개하고 널리 알리기 위한 요리 대회인데, 역시 미국답다는 생각이 든다. 이야기는 역시 이 '500인분의 돼지고기 요리 여섯 가지'로 시작됐다.

"이왕 나간 거 상을 못 받아도 되니까 만들고 싶은 거 만들자, 한식 한번 제대로 만들어보자 생각했죠. 첫 번째로 만든 건 돼지국밥이었어요. 우리 스타일로 하긴 했지만요. 돈가스 샌드위치랑 편육도 만들었어요. 목살 탕수육과 삼겹살 꼬치는 워낙에 유명한 요리라서 메뉴에 넣었고, 디저트로는 베이컨 마카롱을 만들어봤어요. 베이컨 마카롱은 한국에만 있더라고요."

"첫 요리로 돼지국밥요? 미국 사람들의 입맛에 맞을까 고민하셨을 거 같은데요."

"예상 밖으로 참 잘 드시더라고요. 다 드시고 더 달라는 분도 많았어요.

그때 느낀 게 '아, 꼭 선입견을 가질 필요는 없구나'였어요.
베이컨 마카롱도 반응이 좋았어요. 1000개를 만들었는데 하나도
남지 않았거든요."

　"돼지국밥도 놀랍지만 심사위원들의 반응은 더 놀라운데요.
홍 수셰프님은 한식을 바탕에 둔 퓨전 요리를 하시잖아요?
뉴욕에서는 한식, 나아가 아시안 요리를 어떻게 받아들이나요?"

　"한국에서 대학 다닐 때 외국인을 위한 요리 시간에 배운 게 있어요.
외국인은 떡을 싫어한다. 매운 거 못 먹는다, 같은. 그런데 정작
미국에 와보니까 정말 맛있게 잘 드시더라고요. 한국분보다 외국분이
더 많이 오시는데 많이들 좋아해주세요. 취향에 따라 특정한 재료를
빼달라고 하는 경우는 있어요. 요구할 건 요구하되 선입견은 없지요."

　식사 시간이 가까워지자 홍 수셰프는 주방으로 내려갔다.
'금손'을 지닌 셰프의 요리를 기대하면서 다이어트 계획은 잠시 잊기로
했다. 음식이 나오자 우리 일행은 모두 환호할 수밖에 없었다.
우리 앞에 블랙 트러플 버섯덮밥과 성게알 파스타가 놓였다.
잘 익은 스테이크와 송로버섯을 얹은 밥이라니. 파스타의 소스는
성게알로 버터크림을 만들고 말린 명란젓을 갈아 얹었다. 홍 수셰프의
말에 따르면 이탈리아에서는 숭어알 말린 것을 보타르가bottarga라
하는데 명란을 같은 방식으로 말렸다고 했다. 유자 소스를 뿌린 야채와
샐러드처럼 먹을 수 있도록 토마토로 만든 김치도 일품이었다.

　이 자유분방하고 상상력 가득한 요리는 뉴욕이기 때문에

가능했을 것이다. 덮밥에 송로버섯과 스테이크를 얹고 파스타에 성게와 말린 명란을 활용한 건 단순히 미국인들이 잘 먹을 수 있는 한식 혹은 한식 재료를 넣은 서양식의 차원이 아니다. 은하수처럼 반짝이는 세계 여러 나라의 요리들에서 힌트를 얻고 재미난 실험을 거쳐 다양하게 시도한 끝에 이런 요리가 나오지 않았을까? 무엇보다 다양한 인종이 저마다의 요리를 하기 때문에 그 숱한 요리들을 직접 경험할 수 있고, 이를 통해 새로운 조합을 상상하고 시도할 때 그 많은 다양한 식재료들을 구할 수 있으니 말이다. 뉴욕 유학생들이 현지의 맛을 잊지 못해 요리책을 사서 귀국해도 우리나라에서는 요리를 할 수 없는 경우가 많다고 들었다. 재료를 반 이상 구할 수 없기 때문이란다.

"음식들이 굉장히 독특하군요. 한국적인 정체성을 잃지 않으면서도 단순하게 미국 현지에 맞게 변화시킨 것도 아니고, 무척 창의적이라는 생각이 들었습니다."

"저희가 원한 게 바로 그거예요. 게다가 뉴욕의 트렌드는 무척 빠르게 변해요. 중식과 일식 붐이 일었다가 지나갔고요, 지금은 태국과 우리나라 음식이 많은 관심을 받고 있어요. 다만 뻔한 요리면 안 되죠. 새롭고 창의적인 요리여야 하지요. 미슐랭에서도 한식당을 높게 평가하는 경우가 많아졌어요."

언젠가 '한식 세계화'가 화두였던 적이 있었다. 결국 그것을 이뤄내는 것은 공무원들이 아니라 홍 수셰프 같은 도전적이고 창의적인 밀레니얼 젊은이라는 사실을 다시 한번 확인했다.

NEWYORK

NEWYORK

올투스의 수셰프인 홍진애 셰프는 요리를 잘하는 할머니의 영향을 받아 어렸을 때부터 요리사를 꿈꾸었다고 한다.
최고의 요리학교 CIA를 졸업하고 올투스에 스카우트되었다.
음식의 트렌드가 빨리 변화하는 뉴욕에서 살아남기 위해 들어가는 재료들을 매일 조금씩 바꾸고
제철 식재료나 사람들이 좋아하는 식재료를 끊임없이 연구하는 등
홍 수셰프는 새로운 레시피를 개발하기 위해 노력을 게을리하지 않는다.
한식이 뉴요커들에게 많이 알려지면서 앞으로 점점 '전통적'인 한식을 선보이고 싶다고 포부를 밝혔다.
올투스에서 맛본 음식은 셰프의 설명을 들어야만 정확한 맛을 이해할 수 있는 최고의 한식이었다.

@맨해튼 차이나타운: 선사先寫시대, 예쁜 음식

검은 송로버섯을 보는 순간 그 향에 취해 포크를 집어 드는데,
조승연 작가와 에릭남이 휴대폰을 꺼내들고 소리쳤다.
"교수님 그림자 집니다. 잠시만요." 애교 섞인 항의가 들어왔다.
이른바 '인싸'들은 사진에 그림자를 두지 않는다면서 구조와 각도를
달리해가며 사진을 찍고 나서야 식사를 시작할 수 있었다.

음식점에서 주문한 음식이 나왔을 때 식을세라 향이 날아갈세라
숟가락 들고 덤비던 우리 세대와 달리 밀레니얼은 마를세라 녹을세라
스마트폰을 들고 음식에 달려든다. 이런 풍경은 우리나라에서나
뉴욕에서나 낯설지 않다.

'선사시대先寫時代', 즉 사진이 먼저인 시대라고 불러도 좋을 만큼
사진과 SNS는 우리 생활 속으로 들어왔다. 단순히 예쁜 음식 사진을
SNS에 공유하며 과시하려는 것이 아니다. 밀레니얼은 입으로 먹기 전에
눈으로 먼저 맛을 본다. 시각적으로 설레지 않는 음식은 매력이 없다.
시각적인 요소가 맛의 일부가 된 지 오래다.

여기에는 기성세대와 기성 매체에 대한 불신도 한몫했다. 밀레니얼은 기업의 마케팅이나 마케팅의 일환으로 만들어진 콘텐츠를 믿지 않는다. 자신과 또래의 경험과 코멘트를 훨씬 중요하게 생각한다.

이번 뉴욕 여행에서 선사시대를 제대로 경험했다. 아주 강렬했다. 에글루Eggloo라는 아이스크림 가게에 들렀다. 맨해튼 차이나타운에 있는 열 평 크기의 매장이었다. 그나마도 반은 아이스크림을 만드는 공간으로 쓰여 손님들이 머물 수 있는 공간은 서너 평 남짓에 불과했다. 우리가 도착했을 때 10대 초반으로 보이는 여학생 여섯 명이 아이스크림이 나오기를 기다리며 수다를 떨고 있었다. 그들 뒤로 벽에 쓰인 문구가 눈에 들어왔다. 'Make Today Eggstraordinary.' 특별하다는 의미의 'Extra-ordinary'를 자기네 브랜드를 활용해 바꿨다. 우리말로 옮기면 '에글루와 함께 특별한 날을 만드세요' 정도 되겠다.

센스에 한 번 웃고 우리도 주문했다. 아이스크림 종류만 열 가지, 토핑은 열두 가지다. 잠시 기다리는데 소녀들의 아이스크림이 나왔다. 선사시대의 최전선에 선 밀레니얼답게 사방에서 사진 찍는 소리가 들렸다. 예뻤다. 창업자 중 하나인 마이클 탠이 지적했듯 "인스타그램에 올릴 만한"이라는 의미의, '인스타그래머블instagrammable'은 음식에서도 가장 중요한 요소가 됐다.

잠시 후 우리가 주문한 아이스크림이 나왔다. 달걀 와플로 콘을 만들고 아이스크림을 퍼 담은 뒤 원하는 토핑을 뿌렸다. 말로 설명하면 특별할 것이 없는데 실제로 보면 아주 특별하다. 우선 어떤 음식에서도 보기 힘든 형형색색의 색과 조화가 사진을 찍을 수밖에 없도록 만든다. 한 사람이 다 먹기에 부담스러울 정도의 압도적인 크기와 묵직하게 손에 들리는 느낌은 심리적으로 무척 만족스러웠다.

에글루는 달걀 와플과 아이스크림의 조합으로 만들어졌다. 달걀 와플은 맨해튼의 차이나타운에서 쉽게 접할 수 있는 거리 음식이다. 에글루는 친구 사이인 마이클 탠, 제시카 탐, 데이비드 린이 함께 창업했는데, 이들은 어려서부터 이 지역에서 달걀 와플을 먹으면서 자랐다고 한다. 와플로 아이스크림을 만들자는 아이디어는 마이클 탠이 가족과 함께 거리에서 케이크를 사 먹다가 떠올렸다고 한다. 시험 삼아 달걀 와플에 아이스크림을 얹어 친구들에게 나눠주었더니 반응이 아주 좋아서 창업에 이르게 되었다.

인스타그램에서 해시태그 '#eggloo'를 검색하면 1만 개가 넘는 포스팅이 나온다. 한 인터뷰에서 왜 뉴욕에 첫 매장을 냈는지 묻자 탠은 자연스러운 과정이었다고 말했다.

"왜냐하면 우리가 자란 곳이니까요. 에글루는 아시아의 길거리 음식을 미국인들의 입맛에 맞게 변형시킨 것이지요. 우리가 달걀 와플을 먹고 자란 곳이 이곳 뉴욕의 차이나타운이었고, 우리가 만나야 하는 손님들은 뉴욕 곳곳에서 만날 수 있는 이들이죠. 그러니 당연히 뉴욕일 수밖에 없지 않나요?"

맛은 보는 것만큼 화려하지 않았다. 가게에서 만난 소녀들의 호들갑스러운 반응을 생각하면 아마 내가 아이스크림을 그다지 좋아하지

뉴욕에서 사랑받는 간식 중 하나인 에글루.
먹기 전 사진은 필수다.
달걀 와플에 아이스크림을 얹은 것이 기본이지만 거기에 다양한 색상의 토핑을 얹어
자신만의 아이스크림을 완성할 수 있다.

NEWYORK

않기 때문일 것이다. 시각적인 효과가 하도 커서 어지간한 맛으로는
시각적인 충격을 뛰어넘기 어려웠던 것도 하나의 이유이리라.

아이스크림을 좋아하는 여행자라면 에글루 말고도 추천할 곳이
하나 더 있다. 첼시마켓 안에 있는 시드앤밀Seed&Mill이다. 이름처럼
씨를 갈아서 비건vegan 아이스크림을 만든다. 정확히 말하자면 참깨를
로스팅해서 갈면 버터나 페이스트처럼 되는데 이를 베이스로
아이스크림을 만든다. 그래서인지 시드앤밀의 아이스크림은 달기보다는
고소하다. 시각적으로는 에글루에 비할 바가 아니게 단순하지만 단맛이
덜한 편이다.

시드앤밀의 공동창업자인 레이철 사이먼에게 물었다. 무엇보다
'왜 참깨인가?' 궁금했다. 한국이라면 그럴 수 있겠지만, 뉴욕
맨해튼에서 말이다.

"처음엔 세 명의 아이 엄마가 시작했어요. 모두 요리하는 걸
좋아했는데, 뉴욕에 좀 낯선 식재료를 소개하고 싶었어요.
다른 나라에서는 익숙한데 미국, 특히 뉴욕에서는 생소한. 그러다가
참깨를 알게 됐고 참깨의 매력에 빠지게 되었어요."

참깨를 볶아 참기름을 내려 먹는 우리나라 사람들처럼 레이철 역시
참깨에 기름이 많다는 점에 착안했다. 새로운 발견은 아니다. 중국과
베트남뿐 아니라 발칸 반도와 북아프리카까지 참깨는 널리 사용되는
식재료다. 중동과 북아프리카에선 타히니tahini라는, 참깨를 볶은 뒤 곱게
갈아 만든 소스를 즐겨 먹기도 한다. 시드앤밀은 에티오피아에서 재배한

NEWYORK

첼시마켓의 명소 시드앤밀.
참깨를 갈아 만든 페이스트로 각종 소스, 케이크, 아이스크림 등 다양한 제품을 만들어 판매하고 있다.
시드앤밀에서 새롭게 선보인 비건 아이스크림 역시 참깨를 이용해서 만든 것.
에티오피아산 참깨로 식물성 지방이 풍부하고 달다.
참깨 버터를 이용해 다양한 향신료도 만든다.
시드앤밀을 운영하는 호주 출신의 레이철은 두 아이의 엄마다.
5년 전 뉴욕으로 건너와 세 명의 엄마들이 모여 시드앤밀을 공동으로 창업했다.

참깨를 쓴다고 했다. 지금은 아이스크림을 만들기 위해 참깨 말고 다른 씨앗을 실험하고 있다. 참깨를 사용하는 이유는 여러 가지 맛이 나고 영양 성분이 좋은 데다 좋은 기름이 나오기 때문이다.

레이철과 나눈 대화가 기억에 남는 건 그가 뉴욕의 밀레니얼에 대해 한 이야기가 홍진애 수셰프의 이야기와 나란하게 포개졌기 때문이다.

"타히니는 중동에서 아주 오래전부터 먹어온 식품이에요. 그래서 초기 고객들은 중동 지역 출신자들이 아닐까 생각하기도 했어요. 그런데 저희 손님들은 대부분 밀레니얼이었어요. 그들은 젊고 건강하죠. 그래서 생각도 새롭고 건강해요. 사회와 환경에 대한 관심도 높아서 원하면 '비건 아이스크림'을 먼저 요구하기도 해요."

시드앤밀의 실험은 계속되고 있다. 회사 이름처럼 씨라면, 원하는 조건을 만족하는 씨라면 호박씨든 뭐든 도전하고자 한다.

참깨와 아이스크림, 머릿속에서는 쉽게 어울리지 못하고 겉돌았지만 입속에서는 마치 "어때? 맛있지?" 속삭이듯 나를 사로잡았다. 달걀 와플과 아이스크림의 조화가 그랬고, 스테이크와 송로버섯의 어울림 또한 마찬가지였다. 쉽지 않은 조합을 상상하고 장난치듯 툭 시도했다가 조금씩 보완해 새로운 맛과 재미를 만들어낸다. 이게 가능한 뉴욕의 여건과 사람들의 센스, 그리고 실천하는 배짱이 부럽다.

@이스트빌리지: 비건 푸드

평소에는 그리 찾지 않던 아이스크림 가게를 두 군데나 들르면서 새롭게 눈에 들어오는 키워드가 있었다. 비건이다.

예전에는 유별난 사람들의 유난이라고 치부되었던 채식주의는 이제 사회와 환경을 생각하는 시민의 '상식'이 되어가고 있다. 지금 미국에서는 비건 열풍이 불고 있다. 비건은 엄격한 채식주의자를 일컫는 말인데, 고기는 물론 우유나 달걀도 먹지 않고 나아가 실크나 가죽처럼 동물에게서 원료를 얻는 제품조차 사용하지 않는 사람들을 뜻한다. 실제로 맨해튼의 쇼핑몰에는 가죽을 사용하지 않은 '비건 구두'나 동물실험을 하지 않은 '비건 화장품'을 판매하는 곳이 많다. 하지만 비건의 출발이 채식인 만큼, 역시 가장 대표적인 사례는 음식이다.

그냥 샐러드만 먹는 것이 아니라 아예 식물 재료를 사용해 고기 맛을 내는 햄버거도 나왔다. 이른바 '임파서블 버거'다. 임파서블 버거로 유명해진 미슐랭 스타 레스토랑 색슨앤파롤Saxon&Parole을 찾았다.

비교하기 위해 일반 햄버거와 임파서블 버거를 동시에 주문하고
셰프에게 물었다.

"사람들이 임파서블 버거를 많이 주문하나요?"

"60% 정도는 일반 햄버거를 주문하고 40% 정도는 임파서블 버거를
주문합니다. 임파서블 버거를 처음 판매하기 시작했을 때는 주문량이
너무 많아서 하루에 50개만 팔기도 했어요."

"아무래도 여성들이 더 많이 선택할 것 같은데 어떤가요?"

"남녀의 구분은 별로 의미 없습니다. 처음에는 여성들이 더 많이
주문했죠. 남자친구나 남편은 일반 버거를 주문해서 반반씩 나눠먹곤
했어요."

셰프는 대중이 채식 햄버거에 관심을 갖게 된 건 아무래도
젊은 여성들 때문이라고 했다. 그들이 먼저 주문해서 시도하고, 사람들을
데리고 와서 권유하는 과정을 거쳤다. 맛있는 음식이고 좋은 의미를
가진 제품이기 때문에 적극적으로 소개하고 권한 것이다.

잠시 후 버거가 나왔다. 버거 옆에 야채가 있어 혹시 먹는 법이 따로
있는지 궁금했다.

"이 야채들은 햄버거에 넣어서 먹나요, 아니면 사이드로 먹나요?"

"넣어서 드시면 됩니다. 미국식으로 지저분하게 막, 그냥 맛있게
드시면 됩니다."

아, 그렇구나. 뭐로 만들었건 햄버거는 햄버거지, 생각하며 한 입 베어
물었다. 제일 궁금한 건 역시 '패티가 과연 진짜 고기 맛일까?'였다.

일반 고기 패티의 맛과 완벽하게 같다고 할 수는 없지만, 고기도 아닌 것이 고기인 척한다는 느낌은 없었다. 모르고 먹으면 눈치를 못 챌 수도 있고, 그저 '맛이 좀 다른 것 같은데?' 정도로 넘어갈 수도 있을 것 같았다.

문득 궁금해졌다. 어떤 사람들이 이 채식 버거를 사 먹을까? 호기심에 한번 시도해보는 사람이 아니라 분명한 선택에 의해 이 버거를 사는 사람들은 어떤 사람들일까? 채식주의자들에게 이 버거는 어떤 매력이 있을까? 셰프가 들려준 답은 의외였다.

"임파서블 버거의 대상 고객은 고기를 먹는 사람들입니다. 채식주의자는 대상 고객이 아닙니다. 채식주의자들은 임파서블 버거를 싫어해요. 냄새와 식감, 맛이 고기와 너무 비슷하기 때문입니다. 그들은 몸과 마음으로 고기를 먹은 지 너무 오래되었기 때문에 고기와 비슷한 채식 고기를 사 먹지 않습니다. 고기를 먹는 사람들이 채식주의자로 가는 첫 번째 단계가 임파서블 버거인 셈이죠. 마음은 채식을 하고 싶은데 고기의 맛을 잊지 못하는 이들을 위한 버거입니다."

채식주의자를 위한 채식 햄버거가 아닌 육식주의자를 위한 채식 햄버거. 10%가 채 되지 않는 채식주의자보다는 90%가 넘는 비채식주의자를 겨냥해야 사업적으로 의미가 있다. 다르게 보면, 비채식주의자의 10%만 채식주의자, 아니 육식을 포기하지 않되 채식을 즐기는 플렉시테리언flexitarian이 된다고 해도 시장과 지구에 커다란 변수가 될 것이다.

NEWYORK

실제로 임파서블 패티를 이용해 버거를 만드는 과정을 관찰했다.
드라이에이징 소고기와 임파서블 패티는 굽기 전에나 구별할 수 있을 뿐,
굽고 난 뒤에는 사실 구별하기가 어렵다.
실제 육즙을 재현해낸 모습이 놀랍다. 일반 버거에 비해 가격이 약간 비싼 편이어서
대부분 일반 버거와 하나씩 시켜서 나누어 먹는다.
레스토랑의 셰프 브래드는 가장 처음 임파서블 버거를 메뉴로 선보인 사람 중 하나로,
건강에도 좋고 환경에도 좋지만 무엇보다 맛이 좋아 그에 대한 자부심이 대단했다.

레스토랑을 나오면서부터 그날 하루 종일 '육식주의자를 위한 채식 햄버거'라는 말이 머릿속을 떠나지 않았다.

@어퍼 이스트 사이드: 푸드테크

매년 1월이면 라스베이거스는 들썩거리고 세계의 미디어는 라스베이거스에서 들려오는 소식을 전하느라 바쁘다. 바로 CES 때문. CES, 소비자가전전시회 Consumer Electronics Show는 사실상 세계 최대의 IT 전시회로, 현재의 트렌드와 미래의 가능성을 점치는 자리다. 이 시기에 라스베이거스에서 비행기표나 호텔 방을 구하는 것은 하늘의 별따기다. 4차 산업혁명의 인공지능과 연결성을 이용한 기술을 선보인 것도 2017년 이 쇼를 통해서였다.

그런데 2019년 CES의 공식 어워드 파트너인 엔가젯이 꼽은 가장 영향력 있는 제품이자 최고 중의 최고 제품이 임파서블 버거 2.0이었다. 버거의 핵심인 패티를 식물성 재료들만으로 만든 버거였다. '가짜 고기'라 부르든 '채식 고기'라 부르든 푸드테크가 IT 사회에 등장했음을 알리는 상징적인 장면이었다. 이 버거를 만든

NEWYORK

'임파서블 푸드'는 빌 게이츠를 비롯해 투자은행 UBS 등으로부터 3억 달러(3377억 원)를 투자받았다. 임파서블 버거의 패티는 임파서블 푸드에서 만드는데, 스탠퍼드대학교에서 생화학을 가르치는 패트릭 브라운 교수가 2011년에 개발했다. 그는 기술을 통해 식량 문제를 해결하고자 노력하고 있다.

얼마 전까지만 해도 '60억 인구'라고 했지만 지난해 세계 인구는 75억 명을 돌파했다. UN은 여러 가지 추세를 감안할 때 2050년 무렵에는 97억 명을 넘어설 것이라고 예상한다.

인구가 늘어나면 그만큼 식량 소비도 늘어나야 한다. 최근 20년 동안 두 배로 늘어난 육류 소비량 역시 빠른 속도로 증가할 것이다. 문제는 고기를 먹으려면 가축을 키워야 하고, 축산업에 필요한 토지·사료·물이 인간의 생존을 위협한다는 점이다. 지구상의 모든 도시를 합쳐도 전 지구 면적의 1% 정도에 불과하지만 가축을 방목하고 가축용 사료를 재배하는 땅은 지구의 26%에 이른다. 소가 배출하는 메탄가스는 지구 온난화의 주요 원인이 된 지 오래다. 인류를 사랑하기는 쉬워도 이웃을 사랑하기는 어렵다고, 지구 온난화를 막고 인류가 살아갈 대지를 확보하기 위해 육식을 끊거나 최소한 줄이겠다고 마음먹기는 쉬워도 눈앞의 고기를 외면하기는 여간 어렵지 않다. 패트릭 브라운 교수는 이 문제를 해결하려 했다.

생화학을 전공한 학자답게 그는 소의 헤모글로빈이나 미오글로빈에서 헴heme 분자를 발견했다. 소고기 특유의 맛과 향을 내는 헴을

소나 돼지 등 가축이 아닌 다른 곳에서 얻을 수 있다면 고기 맛을 잊지 못하는 이들도 지구를 살리는 데 동참할 수 있지 않을까? '가짜 고기'를 만드는 데 단골로 이용되던 콩의 뿌리에 있는 레그헤모글로빈에도 햄이 존재한다. 그렇다면 문제는 해결된 것 아닌가? 하지만 식물에서 추출한 햄으로 고기를 만드려면 어마어마한 양의 콩이 필요했다. 소를 키울 땅과 사료를 재배할 땅에 콩만 심어야 할지도 모르는 일이었다.

임파서블 푸드는 햄을 만드는 콩 유전자를 유전공학으로 대량 배양해 임파서블 버거를 탄생시켰다. 당연히 100% 식물성이니 콜레스테롤 함량은 훨씬 낮아졌고 골칫거리였던 트랜스지방은 아예 없다. 비채식주의자를 채식주의로 바꾸기에 조금 아쉬운 맛과 식감은 건강상의 이점으로 감당할 수 있을 것도 같다.

임파서블 푸드만 채식 고기를 만드는 건 아니다. 비욘드미트Beyond Meat는 콩과 쌀, 코코넛 오일과 카놀라 등 식물성 단백질을 혼합해 채식 고기를 만든다. 임파서블 푸드보다 2년 먼저 시작했고 2019년 5월 나스닥에 상장할 정도로 인정받고 성장했다.

우리나라는 아직 잠잠하지만 뉴욕의 채식 고기 시장에서는 전쟁을 떠올릴 정도로 치열한 경쟁이 빚어지고 있다. 버거킹은 임파서블 푸드의 패티를 넣은 임파서블 버거를 팔기 시작했고, 칼스 주니어는 비욘드미트와 함께 채식 버거를 내놓았다. 던킨도너츠와 KFC 역시 채식 고기를 넣은 메뉴를 선보였다. 채식 고기는 그만큼 빠르게 시장과 문화에서 자리를 잡아가고 있다.

NEWYORK

채식 고기가 고기와 같아지거나 혹은 고기보다 더 고기답게
맛있어진다면, 기술의 발달로 고기보다 싼값에 고기보다 맛있는
가짜 고기를 먹을 수 있다면, 나아가 지나친 육식으로 인한 건강 문제를
해결하게 된다면, 제3세계 삶의 환경과 지구 온난화까지 해결할 수
있다면, 채식을 마다할 이유가 있을까? 지구 온난화를 막기 위해 채식을
하는 클라이미테리언climitarian이 고기 앞에서 흔들릴 때 채식 고기가
잡아줄 수 있지 않을까?

생각이 여기에 이르자 '푸드테크'라는 말이 마음에 와닿았다.
기술을 통해 먹거리 문제를 해결하겠다는 것인데, 기술이란 개발이
시작되면 가속도가 붙는 법이어서 채식 고기 기술이 어디까지
발전하게 될지 궁금하다. 더구나 엄청난 시장이 있고 명분도 분명해서
개발의 동기가 아주 크기 때문에 앞으로 어떤 변화가 일어날지
너무나 궁금하다. 임파서블 푸드나 비욘드미트가 채식 고기의 결론은
아닐 테니까.

일각에서는 1980년대 채식주의자를 겨냥해 등장했던 대체육과 현재
비채식주의자를 대상으로 한 채식 고기에 이어 머지않아 목장이 아니라
실험실에서 배양한 고기가 나올 것이라 전망한다. 식물성 단백질을
대량 배양할 수 있다면 동물성 단백질 또한 가능하지 않을까?
이스라엘의 알레프 팜스라는 회사에서 이런 기술을 연구하고 있는데,
관련 연구를 하는 회사는 전 세계적으로 30곳이 넘는다.

여행 막바지에 맨해튼 센트럴 파크 동쪽 어퍼 이스트 사이드의 숙소에서

NEWYORK

우버이츠로 임파서블 버거, 비욘드미트의 채식 버거를 각각 주문해보았다.
사진에 보이는 것은 비욘드미트 버거이다.
햄버거 번(빵)에 새겨진 하트와 햇살문양이 인상적이다.

조승연 작가와 가수 에릭남과 함께 아점으로 버거를 배달시켜 먹기로 했다. 우버이츠로 임파서블 버거와 비욘드미트 버거를 고루 시켰다. 밀레니얼과 그 전 세대인 X세대의 의견이 궁금했다.

"먹어보니까 생각보다 괜찮은데요? 햄버거를 굳이 고기 패티로 먹어야겠다는 생각이 안 드네요. 기술이 좀 더 발전하고 어렸을 때부터 이렇게 입맛을 들이면 진짜 고기를 먹을 때 '고기 맛이 왜 이리 느끼해요?'라고 생각할 수도 있겠네요."(에릭남, 밀레니얼)

"먹을 만한데요. 하지만 저는 그냥 팔레펠falafel(콩을 갈아 튀긴 음식, 사순절에 고기 대용으로 먹기 위해 만들어짐)을 먹겠어요. 그냥 야채로 만든 패티요. 야채도 충분히 맛있게 먹을 수 있잖아요. 그런데 이건 햄버거나 타코처럼 다진 고기가 들어가는 요리에 다 쓸 수 있을 것 같기는 하네요. 스테이크 같은 통고기는 어렵겠지만."(조승연, X세대)

작은 맺음말: 가치에 집중하라

채식이라고 하면 나 같은 베이비부머 세대는 '건강을 위해서' 해야 한다고 생각한다. 하지만 밀레니얼이 비건을 고집하는 것은 앞에서 설명한 대로 윤리적 이유 때문이다. 축산업의 비윤리적 가축 사육 환경에 비판적이고, 육류 생산 과정에 발생하는 탄소의 양이 많다는 이유 때문이다. 비건이 단지 음식에서 그치지 않고 패션·화장품을 비롯한 '라이프스타일'로 확산되는 이유다.

그렇다면 밀레니얼은 왜 이처럼 윤리적 소비, 나아가 소비의 가치에 민감할까? '소비'에 대한 인식의 차이 때문이다.

그 이전 세대는 소비의 양量이 문제였다. 물자가 부족한 시절이어서 늘 절약하며 살아야 했는데, 역설적으로 그 시대 소비의 로망은 많이 소비하는 것이었다. 예컨대 "배 터지게 양껏 고기 한번 먹어보는 것" 따위. 하지만 밀레니얼은 다르다. 이들은 어렸을 때부터 넉넉한 소비를 했다. 그래서 양보다는 질質에 관심이 많다. 다시 말해서 많이 소비하는 것보다는 "어떻게 소비할 것인가?", "이 소비에 어떤 의미가 있는가"

하는 점이 중요하다.

밀레니얼이 손에서 놓지 않는 SNS도 한 원인이다. 밀레니얼은 SNS를 통해 지역적, 시간적 한계를 뛰어넘어 자신의 생각을 공유한다. 윤리적 소비에 대한 이들의 욕구는 SNS를 통해 파급되면서 더욱 많은 밀레니얼을 끌어들인다. 단지 예쁘고 비싼 상품을 넘어 이제는 보다 윤리적인 구매, 예컨대 아프리카 어린이의 노동 인권을 보장한다든지, 아마존의 정글을 지킨다든지, 혹은 가축들의 존엄을 염두에 두는 소비 같은 것들 말이다.

이러한 소비가 뉴욕에서 유독 발달하고 차츰 다른 나라로 퍼져 나가는 것은, 역시 다원성 때문이다. 음식과 외식에 관한 다양한 실험적 시도들 중에서 밀레니얼의 이러한 취향에 가장 부합하는 소비가 주목받게 됐을 것이라는 해석이 가능하다.

최근 음식이 트렌드의 중심에 서 있다. 물건을 사는 데 집중하던 소비자들이 좋은 식당을 찾으면서 백화점의 목 좋은 자리는 전국 각지의 유명한 맛집 차지가 됐다. TV에서는 각종 먹방이 넘쳐나고, 셰프는 인기 직종으로 자리 잡았다. 왜 그럴까? 왜 갑자기 음식일까?

식품 외식과 관련된 소비는 전형적인 경험 소비이므로, 최근의 '경험 소비 열풍'의 연장선상에서 이해할 수 있다. 사실 경험 소비가 커지는 원인에는 여러 가지가 있다. 소유보다는 경험이 행복에 큰 영향을 준다. 국민소득이 높아지고 소비의 질이 높아질수록 소유보다 경험에 중점을 두는 것은 자연스러운 현상이다. 또한 위에서 말한 SNS의 영향도 무시할 수 없다. 지금까지 경험은 남에게 좀처럼 자랑하기 어려웠는데, SNS는 '경험을 과시재로' 만들어준다. 멋진 곳을 여행하고 뜨는 음식점에서 식사하는 것이 비싼 명품을 샀다고 자랑하는 것보다 종종 더 '힙'하다.

트렌드는 가치다. 그것이 윤리적 가치든, 실용적 가치든, 과시적 가치든 특정한 가치를 창출할 때 의미 있는 트렌드가 된다. 음식의 세계 수도 뉴욕에서는 지금도 음식에 그러한 가치를 부여하려는 새로운 시도가 진행 중이고, 좀 더 새로운 트렌드가 발아하기를 기다리고 있다. 그래서 우리가 뉴욕을 '셰프의 성지'라고 하는 건지도 모른다.

REVITALIZE THE CITY

R

REVITALIZE THE CITY

나는 그냥 센트럴 파크에 가서 지나다니는 사람들을 보고 싶다.
하루 종일 그냥 사람들만 쳐다보고 싶다.
나는 그게 제일 그립다.

버락 오바마

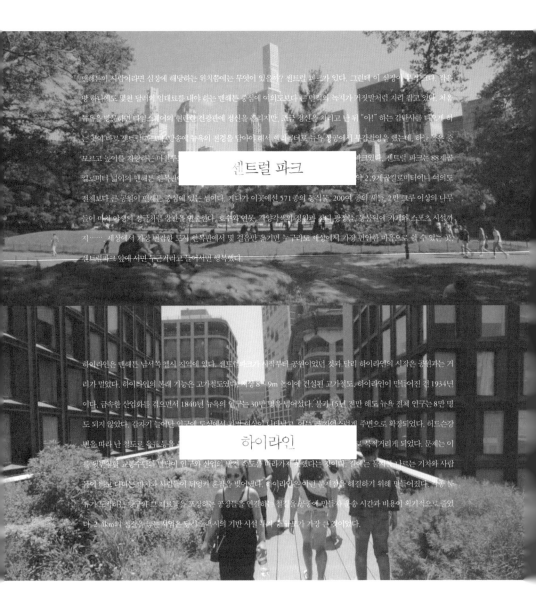

맨해튼이 사람이라면 심장에 해당하는 위치쯤에는 무엇이 있을까? 센트럴 파크가 있다. 그런데 이 심장이 특이하다. 작은 방 하나에도 몇천 달러의 임대료를 내야 하는 맨해튼 중심에 어이없게도 큰 면적의 녹지가 거짓말처럼 자리 잡고 있다. 처음 뉴욕을 방문하면 타임스스퀘어의 현란한 건광판에 정신을 홀리지만, 조금 정신을 차리고 난 뒤 "아!" 하는 감탄사를 나오게 하는 것이 바로 센트럴 파크다. 방송에 뉴욕의 전경을 담아야 해서 헬리콥터로 뉴욕 항공에서 부감촬영을 했는데, 하늘 높은 줄 모르고 높이를 자랑하는 마천루 ████████████████ 파크이다. 센트럴 파크는 88제곱 킬로미터 넓이의 맨해튼 한복판에 ████████████████ 약 2.9제곱킬로미터이니 여의도 전체보다 큰 공원이 맨해튼 중심에 있는 셈이다. 게다가 이곳에선 571종의 동식물, 200억 종의 새들, 2만 그루 이상의 나무들이 마치 야생의 정글처럼 장관을 연출한다. 호수와 연못, 각양각색의 정원과 잔디 광장들, 동물원에 카페와 스포츠 시설까지······. 세상에서 가장 번잡한 도시 한복판에서 몇 걸음만 옮기면 누구라도 세상에서 가장 편안한 마음으로 쉴 수 있는 곳. 센트럴파크 앞에 서면 누군가라고 불어서면 행복했다.

하이라인은 맨해튼 남서쪽 첼시 지역에 있다. 센트럴파크가 처음부터 공원이었던 것과 달리 하이라인의 시작은 공원과는 거리가 멀었다. 하이라인의 본래 기능은 고가철도였다. 지상 8~9m 높이에 건설된 고가철도, 하이라인이 만들어진 건 1934년이다. 급속한 산업화를 겪으면서 1840년 뉴욕의 인구는 30만 명을 넘어섰다. 불과 15년 전만 해도 뉴욕 전체 인구는 8만 명도 되지 않았다. 갑자기 늘어난 인구로 도시에는 마땅 의식이 나타났고, 이동 공간이 스럽게 주변으로 확장되었다. 허드슨강 변을 따라 난 철도로 물류 등을 ██████████████████ 로 북적거리게 되었다. 문제는 이를 뒷받침할 교통수단의 반대니 인구와 산업의 발전 철도를 따라가지 못했다는 것이다. 길에는 물자를 나르는 기차와 사람 곳이 하로 다녀는 마차와 사람들이 뒤엉켜 혼잡을 빚어냈다. 하이라인은 이런 문제점을 해결하기 위해 만들어졌다. 수동 붐비 하가로막하는 항구와 고 재료물을 포장하는 공장들을 연결하는 철길을 공중에 만들자 운송 시간과 비용이 획기적으로 줄었다. 2.4km의 철길을 놓는 사업은 당시 뉴욕시의 기반 시설 투자 중 규모가 가장 큰 것이었다.

브라이언트 파크는 시민들이 참여하고 즐길 수 있는 다양한 프로그램으로 유명하다. 우리가 본 요가 강좌는 5월 말부터 8월 말까지 매주 1회씩 열린다. 요가는 피트니스 프로그램 중 하나인데 요가 말고도 부트캠프 · 쿵푸 · 필라테스 · 펜싱 프로그램도 있다. 'Broadway in Bryant'라고 하는 유명한 뮤지컬 갈라 콘서트와 리본 댄스 공연도 이뤄진다. 그림 그리기 · 글쓰기 · 외국어 · 저글링 등 다양한 워크숍을 ⬚⬚⬚⬚⬚⬚⬚⬚ 정도로 다양한 프로그램들이 마련돼 있다. 심지어 커피를 마시며 ⬚⬚⬚⬚⬚⬚⬚⬚⬚⬚⬚ 까지 "이래도 안 올래?" 하고 유혹하는 것만 같다. 센트럴 파크는 자신만의 세계를 지키면서 사람들에게 편안한 휴식을 주고, 하이라인은 도심 한복판에 공원을 툭 던져 도시 생활을 보다 즐겁게 만들었다면, 브라이언트 파크는 공원이라는 정체성은 지키되 담장을 허물어 시민들의 다양한 삶이 자연스럽게 섞이고 어우러지게 한다.

공원은 어떻게 도시를 완성하는가

센트럴 파크 # 하이라인 # 삶의 여백 # 브라이언트 파크

　도시를 여행하면서 그곳의 공원을 일정에 포함시키는 일은
별로 없을 것이다. 안 그래도 볼 것은 많고 시간은 없는데, 공원이라니.
하물며 뉴욕에서는 오죽하랴. 보고 먹고 즐길 게 태산 같은데
한가하게 공원을 걷는 게 내키지 않는다. 맨해튼 센트럴 파크가
유명하긴 하지만 그곳을 여행 일정의 우선순위에 두는 사람은 드물다.
아마 시간이 남을 때, 마지막 일정으로 잡는 정도가 최선일 것이다.
　하지만 뉴욕을 제대로 이해하는 여행을 하고 싶다면, 꼭 공원에
가보기를 추천한다. 특히 센트럴 파크는 뉴욕이라는 도시의 속살이자
'생얼'이라고 할 수 있다. 미국 출신의 유명한 테니스 선수 앤디 로딕은

"센트럴 파크에서 어슬렁거려봐야 뉴요커의 정수를 느낄 수 있다"고
말했다.

센트럴 파크는 뉴욕의 산증인이라고 해도 과언이 아니다. 처음 공원이
조성돼 현재에 이르기까지의 과정은 뉴욕이 겪어온 갈등과 합의, 개발과
보호 등 많은 고민이 녹아 있다. 한마디로 말해서 센트럴 파크야말로
맨해튼 어떤 지역보다 가장 뉴욕스러운 곳이다.

뉴욕, 특히 맨해튼은 세계에서 가장 조밀한 도시 속의 도시다.
공중권까지 사고팔며 세계에서 가장 높은 마천루를 발달시켰다.
160만 명의 인구가 살고 있고, 연간 6500만 명의 관광객이 방문한다.
인구밀도가 높다는 사실은 무엇을 의미할까? 살기에 각박하고
땅값이 비싸다는 뜻이다. 그럼에도 불구하고 뉴요커들에게 이곳이
살 만한 이유가 무엇이냐고 물으면, 대부분 공원 때문이라고 대답한다.

복잡한 뉴욕을 살 만한 곳으로 만들어준 곳, 센트럴 파크를 어느 정도
넓이로 어떻게 만들어야 할 것인가를 두고 논란이 있었다.
그때, 이곳을 설계한 옴스테드가 이렇게 말했다.

"이곳에 공원을 짓지 않는다면, 100년 후에는 이 넓이의 정신병원이
필요할 겁니다."

전 세계 사람들이 "아이 러브 뉴욕"을 외칠 때, 뉴요커들은
"아이 러브 센트럴 파크"를 말한다. 뉴요커들에게 왜 이토록 공원이
절실했을까? 그 대답을 얻기 위해 미처 다 보지 못한 뉴욕의 명소를
포기하고 공원들을 돌아보기로 했다.

@센트럴 파크: 도시의 녹색 심장

맨해튼이 사람이라면 심장에 해당하는 위치쯤에는 무엇이 있을까? 센트럴 파크가 있다. 그런데 이 심장이 무척 크다. 작은 방 하나에도 몇천 달러의 임대료를 내야 하는 맨해튼 중심에 여의도보다 큰 면적의 녹지가 거짓말처럼 자리 잡고 있다. 처음 뉴욕을 방문하면 타임스퀘어의 현란한 광고판에 정신을 홀리지만, 조금 정신을 차리고 난 뒤 "아!" 하는 감탄사가 나오게 하는 곳이 바로 센트럴 파크다. 방송에 뉴욕의 전경을 담아야 해서 헬리콥터로 뉴욕 상공에서 부감촬영을 했는데, 하늘 높은 줄 모르고 높이를 자랑하는 마천루보다 센트럴 파크가 압도적인 모습으로 시선을 빼앗았다.

센트럴 파크는 87제곱킬로미터 넓이의 맨해튼 한복판에서 3.4제곱킬로미터를 차지하고 있다. 약 2.9제곱킬로미터인 여의도 전체보다 큰 공원이 맨해튼 중심에 있는 셈이다. 게다가 이곳에선 571종의 동식물, 200여 종의 새들, 2만 그루 이상의 나무들이 마치 야생의 정글처럼 장관을 연출한다.

호수와 연못, 각양각색의 식물로 꾸며진 정원과 잔디 광장들, 동물원에 카페와 스포츠 시설까지……. 세상에서 가장 번잡한 도시 한복판에서 몇 걸음만 옮기면 누구라도 세상에서 가장 편안한 마음으로 쉴 수 있는 곳. 센트럴 파크 앞에 서면 두근거리고 들어서면 행복했다.

수치로 행복을 표현할 수는 없지만, 이해하는 데 도움을 줄 수는 있다. 뉴욕에는 공원이 몇 개나 있을까? 뉴욕공원관리소에 나와 있는 정보를 기준으로 볼 때 1700개 이상의 공원이 있다. 엄청난 숫자다. 뉴요커들이 얼마나 공원을 중요시하는지 이것만으로도 알 수 있다. 숫자도 놀랍지만 시기는 더 놀랍다. 1853년 맨해튼에 공원을 짓기로 했다. 센트럴 파크는 디자인 공모전을 거쳐 공사를 시작해 1858년 문을 열었고, 1859년 북쪽의 땅을 추가 매입해 1876년 공사를 마무리 짓고 지금의 형태를 갖추었다.

우리나라가 병인양요(1866)와 신미양요(1871)로 혼란스러울 때, 미국은 센트럴 파크를 만든 것이다. 물론 나라마다 시간의 궤는 다르기 마련이다. 그렇다면 당시 미국의 상황은 어땠을까?

1840년대 산업혁명을 겪고 급격한 산업화 시기를 지나고 있었다. 당연히 막대한 노동인구가 필요했고, 대기근으로 어려웠던 아일랜드에서 190만 명의 이민자가 뉴욕으로 쏟아져 들어왔다. 이때를 '1차 대량 이민'이라 부른다. 이민자들은 집단을 이뤘는데, 대표적인 것이 아일랜드 이민자들이 모여 살았던 로어 맨해튼의 '파이브 포인츠'다. 마틴 스콜세지가 감독하고 레오나르도 디카프리오와

다니엘 데이 루이스가 출연한「갱스 오브 뉴욕」이라는 영화를
기억하는가? 정확히 이 시기의 파이브 포인츠를 배경으로 한 영화다.
당시 미국은 폭력과 혼돈의 시기였다.

그 무렵의 미국을 설명하는 또 하나의 키워드는 남북전쟁이다.
링컨은 1860년 대통령에 당선되었는데, 이듬해 전쟁이 시작되었다.
1863년 1월 1일 링컨은 노예 해방을 선언했고 2년 뒤 전쟁이 끝났다.
종전 직후 링컨은 암살됐다. 남북전쟁은 노예제에 대한 입장에 따라
편을 갈라 싸운 내전이었다. 전쟁은 끝났고 노예는 해방되었지만,
갈등은 봉합되지 않았다. 20세기에 들어와서도 남부에서 노예가
여전히 공공연하게 살해되었고, 1866년에 결성된 KKK는 1925년
전성기를 보냈다.

이처럼 미국 사회는 좀처럼 안정되지 않았다. 빈부로 인종으로 종교로
정치로 나뉘어 내전에 가까운 혼란을 겪었다. 남부 농장을 떠난 흑인들은
북쪽 뉴욕으로 무작정 흘러 들어왔다. 이러한 혼란과 불안, 갈등과
반목의 시대에 센트럴 파크는 만들어졌다. 센트럴 파크는 어쩌면 도시의
허파이면서 사회 혼란의 진정제였는지도 모른다.

하늘에서 본 전경도 멋지지만, 센트럴 파크의 진가는 역시 그 안을
걸을 때 만끽할 수 있다. 물 한 병 사 들고 숲속 조붓한 길을 걸으면,
거대한 나무 사이로 길이 나 있고 길가에는 벤치가 숨어 있다. 풍경에
익숙해질 무렵, 시야가 탁 트이면서 윈도 첫 화면 같은 초원이 나온다.
이름도 '십 메도Sheep Meadow'. 그 끝에는 존 레넌을 추모하는

스트로베리 필즈가 있다.

시선을 돌리면 커다란 호수가 보인다. 잠시 뒤에 만날 호수에 비하면 아담한 편이다. 또 다른 숲을 지나면 나오는 재클린 케네디 오나시스 저수지에서는 광활한 평화를 느낄 수 있다.

공원이 워낙 크다 보니 사람들은 자전거를 빌려 타기도 한다. 공원은 직사각형 모양인데 긴 쪽은 4km가 넘고 짧은 쪽은 800m 정도다. 둘레가 10km가 넘는 셈이다. 왕복 2 ~ 4차선 넓이의 포장된 도로이지만 차는 다닐 수 없고 걷거나 자전거를 타야 한다. 걸어서 한 바퀴 돌다 보면 반나절이 훌쩍 지나간다. 그러니 선택은 당연히 자전거다.

센트럴 파크가 100% 인공적으로 만들어진 공원이라는 사실을 아는 뉴요커는 그리 많지 않다. 이곳은 원래 바위투성이 황무지와 더러운 늪지였다. 사람의 손을 거쳐 개발된 이곳이 대자연의 일부처럼 보인다는 사실은 일견 아이러니하다. 시민들의 즐거움과 편익을 위해 인공적으로 저수지를 만들고 나무를 심었지만, 되도록 야생의 모습에 가깝도록 만들어 시민들에게 자연을 돌려주고자 노력한 결과다. 생각이 여기에 이르면, 넓은 땅덩이도 탐나고 공원을 지을 재원도 부럽지만 이런 공간을 구상한 상상력과 협의를 거쳐 실행에 옮긴 추진력이 가장 욕심난다.

누구였을까? 이 넓은 공간을 공원으로 만들어볼 생각을 한 사람들은? 아니, 그들은 도대체 왜 이 비싼 땅에 공원을 만들 생각을 했을까? 그것도 저 '혼돈의 시대'에 말이다.

센트럴 파크를 설계한 건 프레데릭 로 옴스테드다. 그는 동료

칼베르트 복스와 함께 센트럴 파크 디자인 공모전에서 우승했다. 이들이 설계한 디자인 안의 이름은 '그린스워드 플랜Greensward Plan'이었다. 이름에서 알 수 있듯 핵심 개념은 '자연' 혹은 '녹지'였다.

옴스테드는 '도시 공원의 설계자'라고도 불린다. 단순히 센트럴 파크를 설계했기 때문이 아니라 '도시 공원'이라는 개념 자체를 만들어냈기 때문이다. 옴스테드는 이전까지 개인의 소유였던 정원의 개념을 '공공의 정원', 곧 공원으로 확장했다. 그는 '조경landscape architecture'이라는 용어를 만들어 정착시켰는데, 그 첫 작업이 바로 센트럴 파크였다.

그에게 공원은 어떤 의미였을까? 그는 공원의 공식적 목적을 "도시에 사는 모두에게 건강한 레크리에이션을 즐길 최적의 공간을 제공하기 위함"이라고 말했다. 하지만 결과는 거기에 그치지 않았다. 모든 시민이 같은 공간, 그것도 생산과 경쟁의 공간이 아니라 휴식과 놀이의 공간을 함께 이용함으로써 삶의 공간과 노동의 공간이 완벽에 가깝게 분리된 이들이 하나로 어울리게 된 것이다.

이처럼 서로 어우러지는 경험이 쌓이면서 시민 의식과 공동체 의식이 싹텄다. 열악한 환경에서 살고 일해야 했던 노동자들이 잘 보존된 자연 공간에서 휴식과 여가를 즐김으로써 주거 환경과 노동 환경이 개선되는 효과도 얻었다. 물론 처음에는 노동자들이 공원을 이용하는 것에 대한 우려도 제기되었으나 1866년에 공원을 찾은 이는 780만 명, 그중에 금지된 행위로 체포된 이는 110명에 지나지 않았다.

그 후 160년이 지난 지금, 볕 좋은 주말 아침 센트럴 파크의 풍경은

NEWYORK

뉴욕 맨해튼의 심장, 센트럴 파크.
자외선이 강한 뉴욕의 여름, 센트럴 파크의 그늘은 휴식을 취하는 사람들로 가득하다.
공원 사이사이로 보이는 고층 빌딩들은 센트럴 파크의 운치를 더하며 장관을 연출한다.
뉴욕의 여름은 햇볕도 강하고 습도도 꽤 높아서 무더운 편이다.
일광욕을 즐기다 보면 자연스럽게 웃옷을 벗어젖히게 된다.
주말에는 관광객보다 가족 단위로 나들이 나온 시민들을 더 많이 볼 수 있다.

천국이 따로 없을 정도다. 울창한 숲 너머로는 여기가 뉴욕이라는 걸 일깨워주듯 빌딩들이 서로 높이를 다투고 있지만, 시야를 채우는 건 짙은 녹색 숲과 각자의 리듬으로 걷고 뛰고 저마다의 사연으로 웃고 이야기하는 사람들이다. 센트럴 파크가 시민 모두가 건강한 레크리에이션을 즐길 수 있는 최적의 공간임을 모든 순간 모든 공간에서 느낄 수 있다.

센트럴 파크는 역사적으로 갈등의 중심이자 단절의 경계선에 있었다. 이민자와 또 다른 이민자, 빈자와 부자, 백인과 유색인, 그리고 보호와 개발 등등 다양한 갈등을 해소하고자 조성되었지만 오히려 갈등의 온상이 되기도 했다.

다행히 1980년대 초 공원보호국Central Park Conservancy을 설립하고 대대적인 정비를 시작하면서 센트럴 파크는 골칫거리가 아닌 도시의 자랑거리로 변모했다. 모든 시설을 무료로 개방하고, 다양한 이벤트 및 마케팅을 벌였다. 이때부터 센트럴 파크 곳곳이 영화나 TV 시리즈에 자주 등장하기 시작했고, 「프리티 우먼Pretty Woman」, 「섹스 인 더 시티Sex And The City」 같은 히트작의 배경이 된 장소를 보기 위해 관광객들이 몰려들었다. 노숙자가 즐비하고 범죄의 온상이었던 공간이 건강·휴식·문화의 공간으로 거듭난 것이다.

그럼에도 불구하고 아직도 문제는 많다. 특히 공원 북쪽은 위험하고 몇몇 호수는 오염이 심하다. 연간 4200만 명의 방문객이 드나들면서 발생하는 쓰레기 양도 엄청나다.

　앞서 말했듯이 센트럴 파크는 원래부터 자연 공간이 아니었다.
인공적으로 만들어져서 건물보다 더 사람의 관리가 필요하다.
최근 공원보호국은 쓰레기 문제와 관련, 혁신적인 해결책을 내놓았다.
공원 내 쓰레기통을 없앤 것이다. 최소한의 쓰레기통만 공원 바깥쪽에
배치했다. 시민의 의식을 믿은 것이다. 그 결과, 쓰레기 양은 급속히
줄었고, 쓰레기로 인해 생겨나던 쥐들도 없어졌다. 쓰레기 수거차가
없어지면서 공원 내 교통체증도 해결되고 환경은 더 쾌적해졌다.
뉴욕, 뉴요커의 중심에 너무나 깊숙이 자리 잡은 센트럴 파크의 계속되는
진화가 흥미롭고 기대된다.

@하이라인: 폐로는 이렇게 살아난다

　센트럴 파크가 160년이 넘는 역사를 자랑하는 관록의 공원이라면
하이라인은 이제 갓 열 살이 지난 신생 공원이다. 센트럴 파크가
'공원'이라는 개념을 만들었다는 점에서 공원의 시작을 보여준다면,
하이라인은 시민들이 힘을 합쳐 죽어가던 공간을 살려내 도심 재생의

가능성을 보여줬다는 측면에서 도심 공원의 미래를 점칠 수 있게 해준다.

하이라인은 맨해튼 남서쪽 첼시 지역에 있다. 센트럴 파크가 시작부터 공원이었던 것과 달리 하이라인의 시작은 공원과는 거리가 멀었다. 하이라인의 본래 기능은 고가철도였다. 지상 8~9m 높이에 건설된 고가철도.

하이라인이 만들어진 건 1934년이다. 급속한 산업화를 겪으면서 1840년 뉴욕의 인구는 30만 명을 넘어섰다. 불과 15년 전만 해도 뉴욕 전체 인구는 8만 명도 되지 않았다. 갑자기 늘어난 인구에 도심에선 과밀 현상이 나타났고, 이는 곧 자연스럽게 주변으로 확장되었다.

허드슨강변을 따라 난 철도로 육류 등을 운송하는 것이 맨해튼의 주요 산업이 되면서 이곳은 사람들로 북적거리게 되었다. 문제는 이를 뒷받침할 교통수단의 발달이 인구와 산업의 발전 속도를 따라가지 못했다는 것이다. 길은 물자를 나르는 기차와 사람들이 타고 다니는 마차와 사람들이 뒤엉켜 혼잡해졌다. 하이라인은 이런 문제점을 해결하기 위해 만들어졌다. 각종 물류가 도착하는 항구와 그 재료들을 포장하는 공장들을 연결하는 철길을 공중에 만들자 운송 시간과 비용이 획기적으로 줄었다. 2.4km의 철길을 놓는 사업은 당시 뉴욕 시의 기반 시설 투자 중 규모가 가장 큰 것이었다.

그런데 기술이 발달하고 사회가 변화하는 속도가 빨라지면서 효율의 상징이었던 하이라인은 골칫거리가 되었다. 1950년대 고속도로가 만들어지고 트럭이 주요 운송 수단으로 쓰이자

도심의 철도는 운송 수단으로서의 매력을 잃어버렸다. 철도물류가
쇠퇴하자 이에 기반한 첼시 지역의 산업도 쇠퇴했다. 만들어진 지 불과
30년이 지난 1960년대부터 하이라인은 거의 사용되지 않았다.
1980년대에는 아예 접근 자체를 폐쇄했다. 그렇게 20년이 지나면서
하이라인은 도심 미관을 해치는 흉물의 대명사가 되어버렸다.

고가도로는 주변 공간을 황폐하게 만든다. 도쿄에 가면 서울보다
어딘가 답답하다는 느낌을 받는데, 바로 도심을 가로지르는 전차와
자동차 고가도로가 많기 때문이다. 3·1 고가도로가 철거되기 이전
청계천 공구상가 주변을 떠올려보라.

오래된 건물을 잘 보존하고 고쳐 쓰는 뉴욕이라지만 전혀 사용하지
않는 흉물을 어찌할 도리가 없었는지 1999년 하이라인을 철거하기로
결정됐다. 당시 뉴욕 시장이었던 줄리아니도 이를 승인했다. 전하는 바에
따르면 하이라인이 철거된 자리에는 야구장이나 미식축구 경기장이
들어설 예정이었다고 한다. 예정대로 폐로閉路의 재개발이 진행되었다면
지금의 하이라인은 없었을 것이다.

그런데 「뉴욕 타임스」의 기사를 보고 하이라인에 관심을 가진 이들이
있었다. 대표적인 이가 로버트 해먼드와 조슈아 데이비드다. 전혀 모르는
사이였던 이들은 하이라인을 주제로 열린 공청회에 참여해 서로 알게
되었으며 곧 의기투합해 몇 달 뒤 '하이라인 친구들'이라는 단체를
만들었다. 이후 로버트와 조슈아를 중심으로 한 하이라인 친구들은
하이라인을 알리고 보존해서 새롭게 사용할 방법을 연구하고 이를

사람들에게 알리기 시작했다.

이들이 가장 먼저 한 일은 오랜 시간 방치되어 황무지가 된 하이라인이 역설적으로 얼마나 '자연스럽게' 변모했는지를 알리는 것이었다. 이들은 한 인터뷰에서 하이라인의 첫인상을 이렇게 설명했다.

"우리는 하이라인에 올라가 야생식물들이 빚어낸 믿을 수 없을 만큼 놀라운 경관을 보았어요. 그리고 뉴욕을 완전히 새롭게 바라보게 되었지요. 하지만 거리에 있는 사람들의 눈에 그런 모습이 들어올 리 없었어요."

이들은 사진작가를 고용해 황무지 같은 하이라인의 사계를 작품으로 남겼다. 사진작가 조엘 스턴펠드는 현장을 둘러보고는 1년 동안 아무도 이곳에 들어오지 못하게 해달라는 조건을 달고 흔쾌히 작업을 하기로 수락했다. 1년 후 하이라인의 사계절을 담은 그의 사진들이 세상에 선보였고, 사람들은 하이라인을 보존하는 데 관심을 갖기 시작했다. 로버트와 조슈아는 관료나 자본가가 보지 못한 공간의 새로운 가능성을 상상했던 것이다. 하이라인 친구들은 당시 하이라인에서 어떤 모습, 정확히 어떤 '미래'를 보았을까? 조슈아는 '파세지아타La Passeggiata'를 이야기했다.

"이탈리아에는 '파세지아타'라는 게 있습니다. 산책이라는 뜻이지요. 큰 도시 작은 도시 할 것 없이 초저녁 무렵, 이탈리아 사람들은 밖으로 나와 공원이나 광장 혹은 도심 중심가를 걷습니다. 하이라인 프로젝트를 시작할 때 나는 마음 한구석으로 하이라인이 파세지아타 같은 산책을 위한 장소가 될 수 있으리라 생각했습니다. 그저 걷기 위해 찾는 곳, 웃고 장난치고 이야기하는 곳, 지나가는 사람과 멀리 있는 내가 사는 뉴욕을 바라보는 곳, 친구랑 애인이랑 가족이랑 시간을 보내는 곳 말입니다.”

해 질 녘 하이라인이 보여주는 광경은 조슈아가 말한 ‘파세지아타의 공간’과 정확하게 일치했다. 사람들은 하이라인 곳곳에서 웃고 이야기를 나누고 거닐고 장난치고 사랑을 속삭였다. 조슈아와 로버트를 비롯한 하이라인 친구들이 그렸던 모습으로 다시 태어난 것이다.

하이라인은 갠스부르가부터 웨스트 34번가까지 2.4km 정도 이어진다. 갠스부르가 쪽에는 유명한 첼시마켓이 있고 반대쪽 끝인 웨스트 34번가에는 베슬이 있다. 하이라인은 이 둘을 연결하지만 사실 유명세로 치면 셋 중 가장 유명하다고 해도 과언이 아니다. 2.4km면 그리 긴 거리도 아니어서 마음먹고 걸으면 30분 만에 주파할 수 있지만, 하이라인은 그렇게 걸으면 안 되고 그렇게 걸을 수도 없다. 사람들이 많아서 빨리 걸을 수 없을 뿐더러, 그렇게 휙휙 지나치기엔 워낙 다양한 풍경이 계속 나오기 때문이다.

센트럴 파크가 도심의 사이, 빈 공간에 조성된 공원이라면 하이라인은 도심 ‘위’에 위치한 공원이다. 하이라인 파크에 들어서면 2D 영화만 보다가 처음으로 3D 상영관에 온 것처럼 신기하고 새로운 경험을 하게 된다. 나무·산책길·벤치 등 일반적인 공원의 ‘식상한’ 레이아웃이

아니라서 걷는 동선과 주위 경관의 앵글이 3D 영화보다 더 다이내믹하게
펼쳐진다. 허드슨 야드 옆 공원 초입에 올라서면 건너편 빌딩 중간쯤에
예술가가 줄에 대롱대롱 매달려 벽화 작업을 하는 모습을 볼 수 있다.

하이라인처럼 높은 뷰 포인트가 아니라면 볼 수 없는 광경이다.
하이라인을 따라 펼쳐지는 도시의 파노라마는 지상에서 경험할 수 없는,
'또 다른 눈'이 주는 'New' 'New York'이다. 새로운 스카이라인,
새로운 랜드마크, 새로운 모습의 길들, 상점들, 사람들. 관광엽서에선
찾아볼 수 없던 앵글을 담기 위해 여기저기서 뉴욕 '인싸'들이
셔터를 눌러댄다.

지도로 보면 하이라인의 80% 정도가 직선 구간이지만,
그리 넓지 않은 공간 안에서도 사람들이 다니는 길은 일직선으로
나아가지 않는다. 군데군데 나무를 심고 조형물을 배치해 지루하지 않다.
시야에 들어오는 길이 끝나면 어떤 풍경이 나올지 기대된다.
첼시 쪽에서 가까운 구간은 오래된 건물들 사이를 지나는 구름다리 같은
느낌을 주고, 허드슨강과 가까운 베슬 쪽은 강을 배경으로 석양을
즐길 수 있도록 설계해 로맨틱한 분위기를 풍긴다. 더구나 곳곳에 벤치와
전망대 등 휴식 공간을 만들어놓아 이곳이 걷는 곳이 아니라 쉬는 곳임을
명확히 했다.

실제로 하이라인에서 가장 인기 있는 곳은 첼시 풀숲 구역과 10번가를
허공으로 가로지르는 곳에 마련된 10번가 스퀘어다. 첼시 지역은
산책로 옆으로 풀과 야생화 가득한 구간이 펼쳐지면서 눈을 들면

NEWYORK

낡은 화물철도 노선을 공원으로 탈바꿈시킨 하이라인.
휴식을 취하는 시민들과 관광객들로 발 디딜 틈 없이 분주하다.
북쪽으로 걷다 보면 높게 솟아오른 허드슨 야드의 빌딩들이 보인다.
하이라인은 철도 라인을 이용해 만든 공원이라 그늘이 거의 없다.
중간에 유일하게 만날 수 있는 건물 사이의 그늘에는 각종 간식거리와
기념품을 파는 상점들이 늘어서 있고 햇볕을 피해 휴식을 취하는 사람들로 가득하다.

빈티지한 건물들이 병풍처럼 서 있고, 10번가 스퀘어는 하이라인에서 가장 넓은 공간으로 광장의 계단식 좌석에 앉으면 10번가가 한눈에 내려다보인다. 난간 위로 내려다보이는 게 아니라 높은 난간에 커다란 창을 내 편안하게 앉아서 거리를 볼 수 있도록 했다. 덕분에 하이라인에서 내려다보는 풍경뿐 아니라 10번가를 지나는 차와 보행자들에게도 하이라인은 근사한 풍경을 만들어준다.

하이라인은 2006년 공사를 시작해 2009년 1구간, 2011년 2구간, 2014년 마지막 구간을 완성해 공개했다. 첫 구간이 공개됐을 때 시민들의 반응은 폭발적이었다. 연간 방문객을 20만 명 정도로 예상했으나 첫해 방문객이 200만 명을 넘어섰다.

사람들은 왜 하이라인에 열광할까? 하이라인은 공원을 도시로부터 격리시킨 여느 공원들과 달리 공원과 도시를 두루 갖추고 있다. 센트럴 파크가 "복잡한 뉴욕은 잠시 잊고 여기서는 위대한 자연을 느껴보세요."라고 속삭인다면 하이라인은 "여기 뉴욕도 제법 매력적인 도시야, 그렇지 않니?" 하고 옆구리를 쿡 찌른다. 하이라인의 콘셉트는 자연agriculture과 건축architecture을 조합한 아그리텍처 agritecture다. 로버트의 말을 빌리면 하이라인은 '뉴욕 느낌'에서 벗어나지 않는 게 매력이다.

"어떤 이들은 공원을 도시의 탈출구로 여기지만 하이라인은 뉴욕에서 결코 벗어나지 않습니다. 자동차 경적 소리를 들을 수 있고 지나가는 택시를 볼 수 있지요. 이것들은 뉴욕을 이루고 있는 것들입니다.

NEWYORK

그리고 이곳에선 그 누구도 혼자가 아닙니다. 다른 뉴요커들과 함께
하이라인을 걷고 있는 것이지요."

센트럴 파크는 센트럴 파크고 하이라인은 하이라인이다.
센트럴 파크도 필요하고 하이라인도 필요하다. 다만 센트럴 파크가
자연을 공유함으로써 계층간의 갈등과 도시 생활의 스트레스를 풀어야
했던 시대의 산물이라면, 하이라인은 계층으로 특정되지 않고
도시 생활을 긍정하게 된 시대의 산물이다. 공원은 시대를 반영한다.

@브라이언트 파크: 삶의 중심을 위한 공원

여행 일정의 마지막 날, 마지막 촬영이 브라이언트 파크에서 있었다.
브라이언트 파크는 센트럴 파크만큼 크지도 않고 하이라인처럼 떠오르는
곳도 아니지만, 뉴욕 시민들에게 오랜 세월 깊은 사랑을 받아온
도심 속의 작은 공원이다. 뉴요커들에게 브라이언트 파크는 마음먹어야
만나는 친척이 아니라 늘 곁을 지키는 친구 같은 존재다.
뉴욕공공도서관과 등을 맞대고 있어 도서관 이용자들이 휴식을 위해
즐겨 찾기도 한다.

축구장보다 조금 작은 이 공원에서 요가 강좌가 열렸다. 1000명도 더
되는 인원이 모여 무대 위 강사의 설명에 맞춰 요가를 하는 풍경이
새로웠다. 거대한 도시 뉴욕 한복판에서 평일 늦은 오후에 열린 행사에
이렇게 많은 인원이 모인 것이 놀라웠고, 제대로 된 요가복을 갖춰 입은
동호인들이 모이지 않을까 했던 예상과 달리 지나가다가 우연히 보고
평상복 그대로 참가한 이들이 많은 것도 신선했다.

유모차를 옆에 세워놓고 요가를 하던 여성은 수시로 아이와 눈과 입을
맞추며 미소지었고, 요가를 처음 해보는 듯한 젊은 남성은 연신 반바지를
추켜올리며 동작을 따라 하지만 마음대로 되지 않자 고개를
갸우뚱거리면서도 내내 웃었다. 되면 되는 대로 안 되면 안 되는 대로
즐기면서 최선을 다해 자신의 시간을 보내고 인생을 즐기는 모습이 참
보기 좋았다.

브라이언트 파크는 시민들이 참여하고 즐길 수 있는
다양한 프로그램으로 유명하다. 우리가 본 요가 강좌는 5월 말부터
8월 말까지 매주 1~2회 열린다. 요가는 피트니스 프로그램 중
하나인데 요가 말고도 부트캠프·쿵푸·필라테스·펜싱 프로그램도 있다.
'Broadway in Bryant'라고 하는 유명한 뮤지컬 갈라 콘서트와
리본 댄스 공연도 이뤄진다. 그림 그리기·글쓰기·외국어·저글링 등
다양한 워크숍 프로그램과 피아노·무용·공연 등 이루 다
열거할 수 없을 정도로 다양한 프로그램들이 마련돼 있다.
심지어 커피를 마시면서 크로스워드(십자말 풀이)를 하는 프로그램도

있을 정도다. 마치 "이래도 안 올래?" 하고 유혹하는 것만 같다.

센트럴 파크는 자신만의 세계를 지키면서 사람들에게 편안한 휴식을 주고, 하이라인은 도심 한복판에 공원을 툭 던져 도시 생활을 보다 즐겁게 만든다면, 브라이언트 파크는 공원이라는 정체성은 지키되 담장을 허물어 시민들의 다양한 삶이 자연스럽게 섞이고 어우러지게 한다.

플랫아이언 빌딩 바로 옆의 매디슨 스퀘어 파크는 또 어떤가? 이곳은 우리나라에 처음 들어올 때 긴 줄이 만들어져 화제가 된 쉐이크쉑 버거가 태어난 곳이다. 이 공원의 키오스크에서 판매하는 햄버거와 밀크셰이크가 맛있다고 소문나서 사업을 확장한 것이 오늘에 이르렀다고 한다.

맨해튼에서 조지 워싱턴 브리지를 건너 뉴저지로 가면 해밀턴 파크라는 아담한 공원이 있는데, 매주 일요일 저녁이면 소규모 재즈 공연이 열린다. 재즈밴드 뒤로 맨해튼의 마천루가 그림처럼 펼쳐지는 까닭에 스마트폰 카메라가 갑자기 바빠지는 곳이다.

뉴욕대NYU 학생들이 오가며 길거리 음식을 사 먹고 조촐한 야외공연을 즐기던 워싱턴 스퀘어 파크, 뉴욕이 한눈에 보이던 저지시티의 리버티 공원. UN 청사가 코앞에 펼쳐지는 롱아일랜드 시티의 갠트리 플라자 공원. 공원이라고 모두 같은 역할을 할 필요는 없다. 삶이 다양하듯 공원도 저마다 개성을 가지고 있으면 된다. 뉴욕에 있는 1700여 개의 공원이 저마다 다른 역할을 하고 있다면 이를 이용하는 시민의 삶은 또 얼마나 자유로울 것인가?

NEWYORK

NEWYORK

브라이언트 파크는 미드타운 맨해튼 정중앙에 있는 작은 도심 공원으로
주변에 그랜드 센트럴 역과 뉴욕 공공도서관 등이 있다.
브라이언트 파크에서는 콘서트 등 다양한 행사가 열리는데 그중에서도
매년 5월부터 8월 말까지 매주 1~2회 열리는 요가 강좌가 가장 유명하다.
도심 한가운데서 수백 명이 모여 요가를 하는 장면은 보고 있는 것만으로
마음이 치유되는 듯한 기분을 느낄 수 있다.
브라이언트 파크에서 요가를 가르치는 제이미.
제이미는 요가의 참 의미를 결합, 연결, 서로의 간격을 좁히는 것이라고 설명하면서
야외에서 단체로 하는 요가야말로 요가의 참 의미를 깨달을 수 있는 소중한 기회라고 강조했다.

"고가도로에 만든 공원이 하이라인이면 나중에 지하철 없어지고 로어라인 생기는 거 아냐?"

하이라인을 걸으며 농담처럼 했던 생각인데 실제로 있었다. 다만 아직 완성되지 않아 일반인들이 볼 수 없을 뿐, 맨해튼에 분명히 있다. 하이라인이 완공된 건 2014년이지만 그 인기는 이미 2009년부터 엄청났고, 그 영향으로 도심의 쓸모없는 공간을 공원으로 꾸미자는 논의가 활발했다.

2015년, 로어라인 프로젝트가 언론에 발표됐다. 로어라인이 들어설 지역은 윌리엄스버그 다리 전차 터미널이다. 1908년에 만들어졌다가 1948년 이후 폐쇄된 곳으로 지하 6m가 넘는 곳에 있다. 원격 채광과 태양열 집열 장치를 통해 빛과 열을 지하로 끌어들여 지하 공간에 나무와 꽃이 자랄 수 있도록 할 계획이라는 내용도 있었다. 당시에는 2018년에 완성할 계획이라고 밝혔지만 2019년 현재 2021년에 공사가 끝날 예정이라고 한다.

사실 중요한 것은 공중에 있느냐 지하에 만드느냐가 아니다. 그 공간이 지닌 의미를 이해하고, 지금 우리가 살고 있는 시대와 사회가 어떤 필요와 욕망을 가지고 있는지, 어떤 세계관에 기반하고 있는지를 이해하는 것이다. 나아가 보다 나은 사회가 되기 위해 어떤 가치관을 가져야 하는지 분석하고, 이를 토대로 다양한 상상력을 발휘해 지혜와 의지를 모으는 실행력도 필요하다.

뉴욕의 공원들은 전통적 도시 공원의 목적인 휴식과 녹지 제공에

머무르지 않고 삶이 창조되고 교류되는 트렌드의 중심에 서 있다.
뉴욕의 공원들은 과거 노숙자와 범죄자가 넘쳐나고 주말에나 붐비는
주변 기능에 머물던 역할에서 도시에 활력을 주고 뉴요커들의 삶이
교차되는 중심지로 변모했다.

센트럴 파크는 단지 맨해튼의 중심에 있는 공원이 아니다. 삶의 중심에
있다고 할 수 있다. 그런 의미에서 뉴욕의 모든 공원이 센트럴 파크다.

작은 맺음말: 창의는 여백에서 나온다

지금도 사람들은 도시로 모여들고 있다. 우리에게 도시화는 선택이
아닌 필연적 과정으로 보인다. 호모 사피엔스의 역사를 보면,
사람들이 요즘처럼 고층 빌딩이 밀집한 도시에서 살기 시작한 것은
아주 최근의 일이다.

진화심리학에 '사바나 이론'이라는 가설이 있다. 인간이 발달한
문명을 누리며 살고 있지만, 몸과 마음의 습성은 아직도 사바나 초원을
누비던 때와 크게 다르지 않다는 내용이다. 운동 부족과 영양 과잉이
문제가 되는 시대에도 여전히 지방과 탄수화물이 맛있고 단맛을

거부할 수 없는 이유는 영양이 부족했던 사바나 초원 시절의 버릇이 남아 있기 때문이라는 것이다.

그렇다. 자연 속으로 들어가고 싶어 하는 것은 인간의 본성이다. 지금까지 도시는 이런 인간의 본성을 거스르는 자연의 대척점에 서 있었다. 공원과 녹지는 도시 개발의 체면치레로 형식적으로 조성되었다. 진정한 도시의 한 요소로 도시 구성원들의 삶의 중심에 자리한 게 아니라 주변적 기능, 예컨대 운동·산책·이벤트 혹은 조경적인 차원에 머물렀다.

뉴욕의 공원들도 처음엔 별반 다르지 않았다. 버려지고 오염되고 위험했다. 하지만 뉴욕은 끊임없는 논의와 정책적 결단을 통해 공원의 기능을 회복하고 여기서 한 발 더 나아가 공원을 가장 가치 있는 뉴욕의 트레이드마크로 만들었다. 공원을 중심으로 상권이 형성되고, 공원 뷰를 갖고 있는 부동산은 프리미엄이 붙었다. 공원의 전통적인 형태도 파괴했다. 앞서 본 하이라인, 로어라인, 배터리 파크, 산업항구를 변모시킨 브루클린 브리지 파크 등이 좋은 예다.

뉴욕에서 공원은 단순히 자투리 녹지가 아닌 혁신의 중심에 위치해 있다. 그리고 그 비결은 '접근성 accesibility'과 '공유성 sharability'으로 축약된다. 교묘하게 상권과 상권, 동네와 동네, 거리와 거리에 위치시켜 유동인구를 극대화하고 공원에 다양한 동선을 만들어 이곳에 온 사람들을 지루하지 않게 해 사람들이 계속 유입되도록 유도했다.

센트럴 파크의 경우, 가장 길게 돌면 4km 정도 된다. 이곳을 걷는

길 역시 숲길, 잔디길, 흙길, 포장된 길 등 길이와 형태가 다양하다.
그리고 이 길은 모두에게 공유된다. 인종·출신·계층을 묻지 않고
뉴요커와 관광객이 함께 섞인다. 애완견은 물론 말도 허용된다.
가끔씩 운이 좋으면 톰 행크스 같은 할리우드 배우와 마주칠 수도 있다.
프라이버시와 사유재산이 절대적인 가치인 뉴욕에서 공원은
가장 역설적인 '공유 공간'이라고 할 수 있다.

우리 도시에도 공원이 없는 것은 아니다. 분당 신도시의 중앙공원은
어느 모로 보나 센트럴 파크를 많이 닮았다. (중앙공원을 영어로 옮기면
센트럴 파크다.) 일산에는 호수공원이 있다. 비교적 최근에 건설된
신도시들은 시민들이 만나서 놀 수 있는 공원들을 품고 있다.
국립공원도 마찬가지다. 우리나라 국립공원의 틀을 만든 농학자
김헌규 교수와 김중업 건축가는 1962년 미국 시애틀에서 열린
제1차 세계국립공원대회에 우리나라 대표로 참가해 국립공원에 대한
자료를 확보해 제도의 기틀을 다졌다. 그러니 나라 곳곳의 국립공원들도
미국의 공원들과 어느 정도 선이 닿아 있는 셈이다.

창의는 여백에서 나온다. 우리나라 트렌드의 중심지라고 할 수 있는
대도시가 좀 더 혁신적인 트렌드를 태동하고 길러내려면 더 많은 여백이
필요하다. 물론 한국의 가장 큰 대도시 서울에도 공원은 제법 있다.
서울역 인근에는 하이라인을 본뜬 '서울로7017'이 만들어졌다.
서울숲은 나무가 좋고, 한강둔치에는 다양한 체육시설과 수영장이
있다. 무엇보다 서울의 자랑은 도시 한복판에 자리 잡은 남산이다.

하지만 아쉬움은 조금 남는다.

　서울로7017은 다소 뜬금없고, 서울숲이나 한강고수부지는
강변도로나 올림픽대로가 가로질러 접근성이 제한된다. 서울의 자랑인
남산·우면산·청계산 등은 숲이 좋긴 하지만 산이라 그 안에서
프리스비를 날리며 놀기가 쉽지 않다.

　좀 더 열린 공간을 만들 수는 없을까? 도산공원이나 덕수궁의 담장을
낮춰 지나가다 약간만 방향을 틀어 도심 속 초록 오아시스를 시시때때로
느껴볼 순 없을까? 재건축과 재개발이 화두인 이 도시에 사는 나로선
뉴욕 하이라인을 만들 때와 같은 시민들의 진지한 논의가 부럽다.
우리나라의 공원도 쉽게 다가설 수 있고 그 안에 놀거리가 풍성해서
좀 더 친근하면 좋으련만. 도시를 완성하는 것은 고층 빌딩과 아파트가
아니라 공원인데 말이다.

NEWYORK

KEYSTONES FOR NEW HOPE K

KEYSTONES FOR NEW HOPE

나는 백 번 생각했다. 뉴욕은 엉망진창이라고.
하지만 오십 번 생각했다. 참 아름다운 진창이라고.

르 코르뷔지에, 건축가

2011년 9월 17일 맨해튼의 주코티 파크에 100명도 안 되는 사람들이 모였다. 사회적 영향도 별로 없어 보이는 이들을 강제진압했다는 사실이 나중에 알려지면서, 시위는 걷잡을 수 없이 커졌다. 시위대의 규모도 커졌지만 시위 자체가 미국 전역으로, 미국을 넘어 세계 곳곳으로 퍼져 나갔다. 미국에서는 보스턴·시애틀·LA·워싱턴DC 등으로 번졌고 한 달 뒤인

주코티 파크

10월 15일은 '국제행동의 날'로   열렸다. 우리나라 여의도에서도 3차가 열렸다. 시위가 세계적으로 확산된 건 문제의 구조에 대한 공감대가 형성되어 있었기 때문이다. 그 유명한 '월스트리트를 점령하라'라는 구호였다. 공교롭게도 '월'은 벽을 의미한다. 99%의 소시민이 자본주의의 견고한 벽을 움직여보고자 했던 것이다.

DSA는 미국에서 가장 큰 사회주의자 단체인 '민주적 사회주의자The Democratic Socialists of America'를 가리킨다. DSA 는 정당이 아니라 정치 문동 조직의 형태다. '민주적'이라는 꼬리표가 붙긴 했지만, 미국에서 진보적인 것으로 사회주의라

DSA AOC

고 표방하는 것은 쉽지 않은 일이   다. 진보적이라는 민주당은 실제 긴강 정책은 유럽이나 한국의 사   공산주의자들과 전쟁을 치른 경 험 때문에 미국 유권자들은 사회주의 혹은 공산주의라고 하면 거의 경기를 일으키는 수준이다. 그렇게 보수 색채가 강한 미국에서 사회주의를 표방한 정치인의 존재는 많은 의미를 갖는다.

NEWYORK

새로운 모색

#월스트리트 시위 #AOC신드롬 #사회주의 #툰베리 #선함

　내가 어렸을 때 우리나라는 1인당 국민소득 1000달러가 되지 않는 후진국이었고, 미국은 영화에서나 볼 수 있는 이상향이었다. 미국의 풍족한 물자와 여유로운 생활은 동경의 대상이었고, 미제美製란 크고 품질 좋은 상품의 다른 이름이었다. LA에서 유학할 때, 어머니가 놀러 오신 적이 있는데, 마침 둥그렇게 떠오른 달을 보고 이렇게 혼잣말하시던 생각이 난다.

　"앗따, 미제는 달도 크구나……."

　미국의 지원 아래 빠른 경제성장을 이뤄온 우리는 미국의 영향을 많이 받았다. 제2차 세계대전 이후 미국의 자본주의는 승승장구했고,

우리 경제가 본받아야 할 '모범 답안'이 되었다. 적어도 2008년까지는.

맨해튼의 남쪽, 로어 맨해튼에 미국 자본주의의 상징 월스트리트가 있다. 세계의 모든 투자자들이 주시하는 다운존스지수를 집계하는 뉴욕주식거래소, 나스닥, 미국연방준비은행 빌딩도 위치해 있다.

월스트리트에서 관광객들에게 가장 인기 있는 것은 뉴욕거래소에서 남쪽으로 도보 2분 거리에 있는 '돌진하는 황소' 상이다. 작다고만은 할 수 없는 이 투박한 조형물 주위는 늘 관광객들로 북적거린다. 무엇보다 황소의 뿔을 만지면 부자가 된다는 소문인지 긴 대기줄이 만들어질 정도다. 기다리기 힘들어서였을까? 누군가가 황소의 뿔뿐만 아니라 '그곳'도 만지면 효험이 있다는 말을 만들어 이젠 반대쪽에도 제법 긴 줄이 있다. 사람들이 하도 만져서 황소의 뿔과 '그곳'만 하얗게 변색된 모습이 재밌기도 하고 민망하기도 하다.

몸을 돌려 다시 북쪽으로 걷는다. 뉴욕거래소를 지나 5분 정도 더 올라가면 주코티 파크가 나온다. 10년 전 이 작은 공원에서 시작된 변화가 월스트리트, 뉴욕, 미국, 나아가 세계 경제의 지형도를 바꾸는 계기가 되었다.

@주코티 파크: '월'을 무너뜨리다

　주코티 파크는 파크라는 말이 무색할 정도로 작다. 게다가 잔디와
나무도 많지 않아 도심 속에서 잠깐 숨을 돌리기에 좋은 장소는 아니다.
앞서 다녀온 센트럴 파크나 브라이언트 파크에 비하면 이른바
공원 세계의 '마이너리티'라고 할 수 있다. 우연일까? 2011년 이곳을
채웠던 사람들도 '마이너리티'였다. '메이저' 자본에 반기를 든 중산층,
학생들, 사회적 약자들이 이곳을 가득 메웠다.

　'1을 향한 99의 반란', 사회의 대부분을 차지하는 99가 아니라
1이 모든 부를 독점하는 사회, 이 구조를 깨기 위한 첫 시작점이
자본주의 종주국 미국, 그것도 그 심장부인 뉴욕의 월스트리트라는
사실이 새삼 놀랍기도 하다. 1989년 베를린 장벽 붕괴가 '이념의 벽'을
부순 사건이었다면 2011년 '월스트리트를 점령하라Occupy Wall Street'
시위는 '자본의 벽'을 무너뜨린 사건이라고 할 수 있다.

　여기저기에 가볍게 샌드위치를 먹는 젊은 뱅커들이 보인다. 그들은
10년 전 이곳에 벌어진 일을 기억하지 못할지도 모른다. 하지만 그 일은

미국 역사상 가장 '미국스럽지' 않은 사건으로 기록될 '역사적 의미'를
담고 있다.

1:99의 자본주의를 비판한다!

2011년 월스트리트를 점령한 시위대가 내건 대표적인 구호다.
내가 대학을 다니던 1980년대 한국의 대학가에서는 '세계체제론',
'독점적 관료체제론', '매판자본론' 등등 자본주의를 비판하는 이론이
주목받았는데, 그중에 '파레토의 법칙'이라는 것이 있었다.
흔히 '20:80의 법칙'이라고 부르는 '파레토의 법칙'은 상위 20%가
부富의 80%를 독점하고 있다는 자본주의의 불평등에 관한 내용이었다.
고등학교 때까지 '국민윤리'를 열심히 배우고 대학에 진학한 나는
깜짝 놀랐다. "20:80이라니! 사회는 무척 불평등한 곳이었구나."
그리고 30년 넘게 시간이 흘렀는데도 상황은 좋아지기는커녕
훨씬 더 나빠졌다. 20:80에서 1:99로.

국민에게 권력을POWER to the PEOPLE!

감축 말고 일자리JOBS NOT CUTS!

우리가 99%다WE ARE 99%!

우리는 이대로 당하지 않겠다THE 99% WILL NOT BE SILENT!

2011년 9월 17일 맨해튼의 주코티 파크에 100명도 안 되는 사람들이 모였다. 사회적 영향도 별로 없어 보이는 이들을 경찰이 강제진압했다는 사실이 나중에 알려지면서 시위는 걷잡을 수 없이 커졌다. 시위대의 규모도 커졌지만 시위 자체가 미국 전역으로, 미국을 넘어 세계 곳곳으로 퍼져 나갔다.

미국에서는 보스턴·시애틀·L.A·워싱턴DC 등으로 번졌고 한 달 만인 10월 15일은 '국제행동의 날'로 지정되어 세계 80여 개 나라 1500여 개가 넘는 도시에서 시위가 열렸다. 우리나라 여의도에서도 집회가 열렸다. 시위가 세계적으로 확산된 건 그만큼 구호에 대한 공감대가 형성되어 있었기 때문이다. 그 유명한 "월스트리트를 점령하라!"라는 구호였다. 공교롭게도 '월'은 벽을 의미한다. 99%의 소시민이 자본주의의 견고한 벽을 움직여보고자 했던 것이다.

시작은 서브프라임 모기지론으로 알려진 2008년 금융 위기였다. 간단히 말하면 금융기관들이 신용도가 좋지 않은 이들(서브프라임)에게 주택을 담보로 대출해주었는데, 월스트리트의 금융공학자들이 이 불량 대출을 바탕으로 파생상품들을 만들어 대출이 안전한 것처럼 꾸몄다. 서브프라임이 대출을 갚지 못하자 이를 토대로 만든 상품들이 줄줄이 무너졌고 리먼 브러더스는 파산하고 말았다.

같은 상황에 처한 골드만삭스·메릴린치·AIG·프레디맥·페니맥 같은 금융기관들은 살아남았다. 어떻게? 정부가 공적자금을 쏟아부어 손실을 막아주었기 때문이다. 말하자면 세금을 써서 기업을 살렸다.

우리나라에서도 한때 공적자금이 이슈가 된 적이 있을 정도로 익숙한 모습이다. 정부가 이들을 살린 건 워낙 덩치가 큰 금융기관들이라 이들이 줄줄이 도산할 경우 경제에 미칠 영향을 생각했기 때문이다. 이른바 '대마불사大馬不死, too big to fail'의 논리다.

사실 미국 은행들의 방만함에는 역사적인 이유가 있다. 미국은 은행 자본에 의해 세워지고 유지되고 있다고 해도 과언이 아니다. 달러는 팍스아메리카나의 원천이며 연방준비위원회FRB의 통화정책은 세계 경제를 들었다 놨다 한다. 자본을 통한 미국 정부의 통치 원리는 자연스럽게 은행 산업을 보호하고, 그 은행들이 보호해주는 대기업들을 지켜줄 수밖에 없다. 하지만 안전한 그 '벽wall'에 조금씩 금이 가기 시작했다. 원인은 벽 안에 있었다. 바로 '탐욕'이다.

금융 위기의 원인을 조사하는 과정에서 투자은행들이 얼마나 방만하게 운영되어왔는지 드러났다. 임직원들은 천문학적 성과급 잔치를 벌여 화를 자초했다. 성과급 혹은 특별급여 명목으로 지급된 돈은 보통 1000만 달러 단위였다. 리먼브러더스는 자금이 투입되기 전, 그러니까 파산 직전에 퇴사하는 간부에게 20억 달러(2조 3000억 원)를 특별급여로 지급했고, 베어스턴스의 CEO 제임스 케인은 2007년 성과급으로 4000만 달러를 챙겼다.

금융 위기가 발발해 주식이 휴지 조각이 되기 직전, 정작 책임이 있는 이들이 자신들의 스톡옵션 등 주식을 팔아치워 다시 천문학적인 액수를 챙겼다. 케인은 주식을 팔아 1억 6300만 달러를 챙겼다. 자그마치

NEW YORK

주코티 파크는 월스트리트 근처에 있는 작은 공원이다.
2011년 금융 위기 이후 미국 대형 금융기관들이 벌인 비상식적인 보너스 잔치에
성난 젊은 세대가 중심이 되어 '월스트리트를 점령하라Ocuupy Wall street' 시위를 펼쳤던 곳이다.
지금은 2011년 시위 당시의 모습을 찾기 어렵다.
가족 단위로 휴식을 취하는 시민들이 많이 보인다.

708억 원이 넘는 규모다. 케인이 주식을 팔아치운 뒤 베어스턴스 주가는 95% 하락했다.

공적자금이 투입된 다음에도 여전히 방만하게 운영됐다. AIG는 공적자금으로 받은 1730억 달러 가운데 파생상품을 만든 부서에 임직원에게 6100만 달러를 지급하겠다고 밝혔다. 계약된 보너스를 지급하지 않을 경우 소송당할 수 있다는 이유에서였다. 꼬박꼬박 납입해온 주택할부금을 모두 날리게 된 미국인들은 분노하지 않을 수 없었다.

자본주의 자체에 문제가 있는 것은 아니다. 그 시스템을 운영하는 '방식'이 문제였다. 미국의 근간이자 미국인들이 그렇게 추앙하던 자본주의에 반기를 든 이유는 그 방식이 '공정'하지 않았기 때문이었다. 워싱턴의 권력과 월스트리트의 자본이 자기들만의 벽을 쌓고 '그들만의 리그'를 구축하고 그들만이 우세한 경기를 하는, 불공정한 게임에 분노한 것이다.

2019년 전 세계는 공정이라는 이슈로 몸살을 앓았다. 버스 요금 인상으로 촉발된 칠레 시위, 홍콩 사태, 볼리비아, 다시 시작된 프랑스 파업, 그리고 우리나라까지. 월스트리트 사태는 서브프라임이라는 특정 문제 때문에 발생했다기보다 자본주의가 만능이 아니라는, 공정함이라는 신호등이 있어야 제대로 흘러갈 수 있다는 보편적이고 상징적인 사례로 기억될 것이다.

황소의 뿔이나 '그곳'이나 만지면 부자가 될 수 있다는 미신으로는

더 이상 대중을 호도할 수 없다. 열심히 일하면 잘살 수 있다는
아메리카 드림은 더 이상 먹히지 않는다. 자본주의의 더러운
'보이지 않는 손'보다 깨끗하고 공정한 '보이는 손'을 대중은 기대한다.

　월스트리트 사태의 특징은 '세대와 계층의 벽'을 부순 것이라고
할 수 있다. 주코티 파크의 시위 장면은 연령 · 성별 · 인종을 넘어선
바로 뉴욕 그 자체, 용광로Melting Pot였다.

　특별한 점은 또 있다. 보통 시위에는 지도자가 있다. 비교적 최근에
벌어진 '중동의 봄' 때도 젊은 지도자가 있었고, 우리나라의 사례를
돌아봐도 시위와 집회는 개인이든 기관이든 주최하는 이가 있었다.
2019년의 홍콩 시위도 조슈아 웡이나 지미 샴이 이끌었다. 그런데
2011년의 월스트리트 점령 시위는 시위를 조직하거나 이끈 이가 없다.
스스로도 '리더 없는 시위대'라고 규정했고, 뉴스의 인터뷰도 지나가던
시위 참여자가 한마디씩 하는 게 다였다. 조직되지 않은 시위라고 쉽게
생각할 수 있지만 사회학자 헤더 고트니는 이렇게 분석했다.

　"새로운 형태의 시위다. 공동의 목표와 지향점이 있고 대표자를
내세우는 게 시위의 일반적인 모습이다. 하지만 월스트리트를 점령했던
시위대는 그렇지 않았다. 개인과 조직이 각자의 주장과 요구를 가지고
모였고, 광장과 SNS에서 서로 토론하고 소통하는 모습을 보였다.
권위주의 대신 분권주의다. 이게 민주주의의 핵심 가치에 더 가깝다.
무엇보다 이들은 시위를 즐겼다. '월스트리트를 점령하라'는 시위
구호이지만 비디오게임이기도 했다."

월스트리트 시위는 이처럼 개인화된 SNS 시대 새로운 시위의 모습을 보여줬다. 언젠가 한 시인이 노래했던 혁명의 모습이 이제야 그 사례를 찾았는지도 모를 일이다.

> 혁명을 하려거든 웃고 즐기며 하라.
> 소름 끼치도록 심각하게는 하지 마라.
> 너무 진지하게도 하지 마라.
> 그저 재미로 하라
> (…)
> 우리 재미를 위한 혁명을 하자.
>
> D.H. 로런스, 「제대로 된 혁명」 중에서

@브루클린과 브롱스의 변방: AOC 신드롬

'월스트리트를 점령하라' 시위가 자생적인 '장외 투쟁'이었다면, 최근 밀레니얼이 주도하는 변화는 '제도권 진입'이라고 할 수 있다. 그 근거지는 뉴욕의 소외 지역, 브루클린과 브롱스다.

전통적으로 이들 지역은 맨해튼으로 출퇴근하는 이들이 모이는 베드타운으로, 중하층·이민자·유색인종이 주로 모여 사는 곳이었다.

NEWYORK

지역의 자족성이 떨어지고 가난과 범죄가 만연해 슬럼화되기도 했지만, 앞에서 설명한 뉴욕의 도시 광역 개발과 균형 발전, 그리고 이 지역 출신 이민 2~3세들의 사회 진출이 활발해지면서 최근에야 활력을 찾고 있다.

'월스트리트를 점령하라'는 시위대의 구호는 말 그대로 벽wall을 넘어, 미국 밀레니얼의 정치 참여 열기로 맥이 이어졌다.

전통적으로 젊은 세대는 투표율이 높지 않다. '젊은 유권자'는 정치에 아주 적극적인 극소수와 무관심에 가까운 대다수로 나뉜다. 하지만 밀레니얼은 다르다. 이들은 유권자의 권리를 명확하게 알고 자신들의 정치적인 의견을 내는 데 적극적이다.

투표율이 이를 단적으로 보여준다. 2016년 미국 대선에서 베이비붐 세대 투표율은 69%, 밀레니얼 투표율은 51%였다. 이에 민주당은 2018년 중간선거에서 젊은 층의 투표를 독려하는 캠페인 '투표해Knock the Vote'를 만들었다. 트럼프 대통령이 당선된 이후 4년 동안 밀레니얼은 많은 변화를 겪었다. 2020년 이들이 대선에 어떤 영향을 미칠지 궁금하다. CNN은 "마음만 먹는다면 밀레니얼은 미국에서 가장 막강한 정치 세력이 될 수도 있다"는 논평을 내기도 했다.

뉴욕의 밀레니얼은 미국의 밀레니얼보다 한 발 더 나아간다. 뉴욕의 밀레니얼은 'AOC'라는 약어에 익숙하다. AOC가 무엇의 약자일 것 같은가? 단체? 현상? 트렌드 키워드? 아니다. 사람 이름이다. 미국의 최연소 하원의원 알렉산드리아 오카시오 코르테즈Alexandria Ocasio-Cortez를 가리킨다. 흔히 사람 이름은

'A. O. 코르테즈', 이런 식으로 호칭한다. 그런데 유독 이 이름만 AOC라고 줄여 말하는 것은, 이름 자체가 하나의 '현상'이자 트렌드라는 의미인지도 모른다.

1989년생으로 전형적인 밀레니얼인 AOC는 민주당 소속으로 뉴욕의 연방 하원의원이면서 DSA 소속이다. DSA는 미국에서 가장 큰 사회주의자 단체인 '민주적 사회주의자 The Democratic Socialists of America'를 가리킨다. DSA는 정당이 아니라 정치 운동 조직의 형태다. '민주적'이라는 꼬리표가 붙긴 했지만, 미국에서 정치인이 스스로 사회주의자라고 표방하는 것은 쉽지 않은 일이다. 미국은 우리가 짐작하는 것보다 훨씬 더 보수적인 나라다. 진보적이라는 민주당도 실제 정강 정책은 유럽이나 한국의 시각에서 보면 '약간 개선된 보수주의'로 보이는 경우가 많다. 공산주의자들과 전쟁을 치른 경험 때문에 미국 유권자들은 사회주의 혹은 공산주의라고 하면 거의 경기를 일으키는 수준이다. 그렇게 보수 색채가 강한 미국에서 사회주의를 표방한 정치인의 존재는 많은 의미를 갖는다.

"아파트 월세를 내기 위해 첫 의원 월급을 기다리고 있다."

AOC가 당선된 후 한 인터뷰에서 한 말에 밀레니얼 유권자들은 열광했다. 미국의 국회의원들은 대개 먹고살 걱정 없는 부자들이다. '푸에르토리코계 이민 2세', '20대 여성'이라는 수식어는 그녀가 등장할 때부터 따라다녔다. AOC의 성장사는 밀레니얼의 고단함을 그대로 보여준다.

뉴욕 브롱크스에서 태어나 보스턴대학교를 졸업했지만, 졸업하기 전인 2008년 아버지가 사망하고 서브프라임 모기지 사태로 집이 압류당하자 생업전선에 뛰어들어 브롱크스에서 바텐더로 일했다. 일하면서 독립출판사를 차리고 이민자 단체에서 자원봉사를 하기도 했다.

본격적으로 정치판으로 뛰어든 건 2016년 대선 때 버니 샌더스 캠프에 참여하면서부터다. 대선이 끝나고 2017년 후보 경선에 뛰어들기 직전까지는 식당 종업원으로 일했다.

정치계에 입문한 후에도 AOC는 밀레니얼의 방식으로 밀어붙였다. 자신의 정체성을 대중에게 드러내 자신이 민주적 사회주의자임을 밝히며 기업의 후원을 받지 않겠다고 선언했다. 선거 운동 역시 유권자의 집을 직접 돌아다니며 자신의 정치적 의견과 꿈을 설명했다. 결국 10선 하원의원 조 크롤리를 꺾어 민주당 예비선거 최고의 파란을 일으켰고, 나아가 당선되어 무서운 정치 신예로 떠올랐다.

정치인의 정체성은 배경보다 정책에 있다. AOC는 2019년 초 한 방송에 출연해 연소득 1000만 달러 이상 고소득자에게 최고세율 70%의 부유세를 도입해야 한다고 주장해 찬반 논란이 뜨겁게 일었다.

"내가 직접 겪어봤기 때문에 나는 노동계급의 고통을 이해한다. 게다가 우리 지역은 70%가 유색인종이지만 단 한 번도 우리를 대표하는 정치인을 가져본 적이 없다."

정치가 시민의 뜻을 모아 현실을 개선해 나가는 일이라면 누가 밀레니얼의 처지를 가장 잘 이해하고 이들의 의지를 왜곡하지 않고

전달할 수 있을까? 이 쉽고 간단한 질문에 밀레니얼은 명쾌하게
대답한다. "우리의 정치는 우리가 하겠다." 이들은 중년 백인이 자신들을
대변하도록 하지 않고, 자신들과 가장 비슷한 인물을 골라 스스로를
대변한 것이다.

　　DSA의 본부 브루클린에서 공동의장 비앙카 커닝햄을 만났다.
DSA는 미국의 가장 큰 사회주의자 단체로 전국에 166개 지부를
두고 있다. DSA 사무실은 '미국의 가장 큰 사회주의자 단체 본부'라고
하기엔 소박할 정도로 작았다. 곳곳에 유인물과 연구보고서들이
쌓여 있어, 작은 개인 연구실 같은 느낌마저 들었다.

　　내가 먼저 물었다. 전통적으로 보수적이기로 이름난 미국의 정치
환경에서 사회주의를 표방한다는 사실이 그 무엇보다 흥미로웠다.

　　"경제의 문제지만 결국 해법은 정치에 있잖아요. 정치적으로 미국은
굉장히 우파적이지요. 어떠세요?"

　　"지금 미국은 아주 특별한 시기를 지나고 있어요. 파시스트(트럼프
대통령을 의미함)가 정권을 잡고 있으니까요. 우리가 그를 위험하다고
생각하는 이유는 소수자에 대한 증오를 선동해 사람들이 서로를 탓하게
만들기 때문이에요. 사실 우리가 탓하고 겨루어야 할 사람은 맨 위에
있는 사람들이잖아요."

　　"말씀하신 것처럼 지금 미국의 분위기는 상당히 엄혹한 편인데,
특히나 '민주적 사회주의자'들에게는 그 정도가 더하지 않겠어요?
기본적으로 미국은 매우 전통주의적이고 사회주의나 공산주의에 대한

혐오가 있잖아요. 그런데 시민들이, 특히 젊은 층은 어떻게
받아들이나요?"

"표면적으로 보면 지난 대선에서 대통령 후보자가 자신을 기꺼이
사회주의자라고 부르면서 민주적 사회주의 운동이 벌어졌다고 볼 수
있어요. 내가 사회주의자여도 괜찮겠구나, 생각했겠죠. 사회주의자가
아닌 사람들이 사회주의에 관심을 갖게 된 건 정치와 경제에 대한 후보의
공약을 보면서 많이 공감했기 때문이에요. '내가 사회주의자인지는
모르겠지만 저 말은 맞아' 이런 거죠. 저희 모임에 젊은 친구들이 많은 건
경제에 대한 불만이 만연해 있기 때문이에요."

"젊은 층의 경제적인 불만이 사회주의를 받아들이게 했다는
이야긴가요?"

"네, 사회주의는 결과물일 뿐이에요. 현재 젊은이들은 좋은 일자리를
구하기 어렵고 불안정해서 경제적으로 무척 위태로워요. 대학교
학자금으로 돈을 다 쓰고 대출까지 받았는데, 일자리를 구하지 못하니
대출금을 갚을 수 없지요. 생계를 유지하기 위해서는 돈이 필요한데
생계가 위축되면 새로운 시도나 도전을 할 수 없잖아요. 위축되니까요.
해결책이 필요한데 대통령이 되겠다는 사람의 공약을 보니 해결책이
거기 있었던 거고, 그 사람이 사회주의자라고 하니 '아, 사회주의(자)라면
나의 문제를 어쩌면 해결할 수도 있겠구나' 싶은 거죠."

"예를 들면 어떤 공약이 젊은 층의 마음을 흔들었을까요?"

"아시겠지만 그 후보는 버니 샌더스인데요, 그는 공립대학의 학자금을

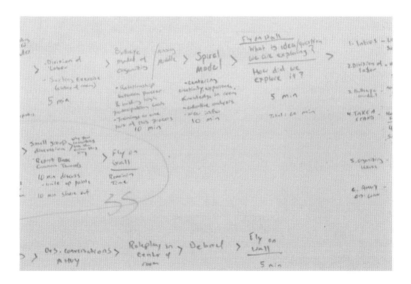

뉴욕시 민주사회주의자 모임DSA, Democratic Socialists of America의
공동의장을 맡고 있는 비앙카 커닝햄.
DSA는 미국에서 가장 큰 규모의 사회주의자 모임으로 밀레니얼이 주요 회원이다.
비앙카 커닝햄의 사무실은 브루클린에 위치하고 있는데,
DSA가 정치 단체나 정당 조직이 아닌 자발적 모임 형태라서 그런지 사무실은 아담한 편이었다.

무료로 하겠다고 했어요. 저희는 이것이 젊은 층이 가진 근본적인 문제를 해결할 방법이라고 생각해요. 저희 모임이 샌더스를 공식적으로 지지했던 가장 큰 이유이기도 합니다."

"현실적으로 가능한 공약일까요?"

"가능하다고 생각해요. 저희는 이것을 비용의 문제로 보지 않습니다. 대학이나 시의 자원이 부족해서 등록금을 받는 게 아니에요. 자원은 많아요. 문제는 돈을 사용하는 우선순위이지요. 우리는 공립학교가 무료가 되어야 한다고 생각해요. 이에 동조하는 후보를 지지하고 자체적으로도 시에서 무료 공립학교를 세울 수 있도록 추진할 계획이에요."

"아, 그렇군요. 민주적 사회주의자 그룹에 대해서 새로운 것을 알게 되고, 비앙카의 말을 들으며 생각하게 된 부분도 많았어요. 2020년 대선을 관심 있게 지켜볼게요. 민주적 사회주의 모임도 좋은 정책을 많이 만들어서 좋은 결과가 있기를 바랄게요."

"저희 이야기에 귀 기울여주셔서 고마워요. 참고로 말씀드리면 저희는 사회주의의 반대말을 자본주의가 아니라 야만주의로 봅니다. 자본주의가 야만이라는 게 아니라 현재의 자본주의는 잘못된 자본주의이고 야만적이라는 뜻이에요. 저희 슬로건도 '야만주의가 아닌 사회주의'랍니다."

"'야만주의가 아닌 사회주의', 많은 시사점이 있는 슬로건이네요. 바르게 작동하는 자본주의는 수용할 수 있다는 뜻일 테니까요."

젊은 유권자는 진보적이고 나이 든 유권자는 보수적이라는
이분법으로 미국 밀레니얼의 정치 성향을 재단하는 것은 진실의
상당 부분을 놓치는 것이다. 미국의 밀레니얼은 대부분 대학 학자금
융자와 신용카드 부채를 지고 있다. 신용카드 빚만 1인당 2만 8000달러,
그러니까 우리 돈으로 3400만 원에 육박한다. 전원에 멋진 집과
커다란 차를 마련하는 것이 부모 세대의 아메리칸 드림이었는데,
이들은 그런 꿈조차 꾸기 어렵다. 직장을 구하고 빚을 갚아 나가는
일조차 버거운 게 이들의 현실이다.

전망도 밝지 않다. 우버 등 이른바 플랫폼 경제가 발달하면서 고용의
안정성은 더욱 취약해졌다. 예전에는 사회적 불평등을 설명할 때
고소득층은 좁고 중하위로 내려갈수록 비중이 커지는 '피라미드'형에
비유했는데, 요즘은 '압정'형으로 설명한다. 플랫폼을 장악한 극소수만
부富를 독점하고 나머지는 압정의 밑처럼 '바닥을 까는' 1 : 99의
형태가 된 것이다. 그냥 부모보다 못사는 세대가 된 정도가 아니다.
젊은이들에게 미래가 보이지 않는다.

밀레니얼은 1980년대 말 이후 벌어진 독일 베를린 장벽 붕괴와 소련의
해체 같은 사회주의 몰락 이후에 태어났기 때문에, 공산주의 혹은
사회주의에 대한 경험이 없어 역설적으로 이에 대한 선입견에서
자유롭다. 풍족한 시기에 태어났지만, 자유무역의 확대와 세계화의
물결 속에서 국내는 물론 제3국의 젊은이들과 치열한 경쟁을 치르면서
자라야 했다.

「뉴욕 매거진」은 "브루클린에서는 자신을 사회주의자라고 부르는 게 다른 것보다 더 섹시하게 여겨진다"고 지적한 바 있다. 과다한 채무, 빈부의 격차, 무한한 경쟁 속에서 밀레니얼은 이제 사회주의를 고리타분한 이론이 아니라 쿨한 트렌드로 여기게 됐다. 이런 이들을 '밀레니얼 사회주의자Millennial Socilaist'라고 부른다. 이들은 공정한 소득 분배, 양성 평등, 보편적 건강보험, 환경보호대책 등에 관심이 많다.

이러한 배경 아래서 미국 밀레니얼은 기존 정당 조직political machine을 혐오하고 새로운 대안을 찾아 나섰다. 이러한 정치 참여의 변화를 기성의 문법 아래서 '공화당이냐 민주당이냐' 하는 프레임으로 파악하는 것이 아니라, '기존 질서의 계속이냐 새로운 모색이냐'의 연장선상에서 봐야 한다. 그런 의미에서 어쩌면 AOC 신드롬과 트럼프 대통령의 당선은 동일한 맥락에서 파악할 수 있을지도 모른다.

미국 정치는 다시 한번 전기를 맞고 있다. 비앙카 커닝햄의 마지막 한마디의 울림이 묵직하다.

"사람들이 신경 쓰는 문제는 수백만 개일 거예요. 인종·젠더·기후·분배 등등. 이것이 운동의 장점이지요. 입장이 다를 수 있어요. 하지만 같은 선상에 있지 않으면서 협력할 방법도 있죠. 진정한 민주주의요. '우리가 목소리를 낼 수 있을까?', '우리가 함께 노력할 수 있을까?' 결국 제 옆에 있는 사람, 또 그 옆에 있는 사람들과 소통하고 함께 고민할 때 우리가 답을 조금씩 만들어 나갈 수 있다고 믿어요."

@소호: 새로운 경제

"이 재킷을 사지 마세요"라는 광고 카피로 유명한 파타고니아의 소호 지점을 갔을 때 매장 벽에는 "우리는 이 지구를 지키기 위해 이 일을 합니다We're in business to save our home planet"라고 적혀 있었다. 마케팅을 위한 수사修辭가 아니라 이곳은 실제로 버려진 플라스틱과 자투리 원단 등으로 옷을 만든다.

그래서 티셔츠 한 벌을 사면 물병 4.8개를 줍고, 자투리 원단 118g, 물 238L를 아끼는 효과가 있다고 한다.

미국 주요 기업의 CEO들로 구성된 비즈니스라운드테이블은 2019년 8월 19일 기업의 목적을 수정했다. 이 모임은 1978년 이후 정기적으로 기업의 지배구조 원칙을 발표해왔는데 1997년 '기업은 주주를 위해 존재'한다고 명기한 이후 지금까지 이 원칙이 흔들리지 않았다. 그런데 CNBC 뉴스에 따르면, 22년 만인 지난 8월 "직원과 고객, 사회 등 모든 이해관계자를 중시해 함께 나눌 수 있는 가치를 제공한다"고 기업의 목적을 고쳐 정의했다.

기업을 평가하는 기준이 달라지고 있다. 탐욕적으로 이익을 추구하는 기업은 좋은 평가를 받지 못한다. 대중의 사랑이야 옛날부터 착한 기업에 쏠리긴 했지만, 기업을 평가하고 투자하는 기준이 이제는 실질적으로 달라지고 있다. 돈을 벌어 그 수익으로 사회에 공헌하는 차원에서 한 발 더 나아가 돈을 벌수록 사회에 도움이 되는, 정확하게는 사회에 도움이 되는 방식으로 돈을 버는 기업이 늘고 있다. 이는 단순하게 좋은 평가를 받아 투자를 받기 위해서가 아니라 사회적 가치에 관심을 갖는 이들이 늘어났기 때문이다. 사회에 좋은 영향impact을 미치는 기업에 투자하는 것, 바로 '임팩트 투자'다.

"사회에 공헌하라. 그렇지 않으면 우리의 지지를 잃을 위험을 감수하라."

누가 이런 매력적인 혹은 배짱 두둑한 주장을 했을까? 비앙카 같은 민주적 사회주의자가 기업에 보낸 메시지일까?

수신자는 맞다. 기업에 이런 메시지를 보낸 건 투자운용사 블랙록의 CEO 래리 핑크다. 블랙록은 6조 달러가 넘는 투자금을 운용하는 자본주의의 정예다.

임팩트 투자는 이미 투자의 한 기준으로 자리 잡았다. 임팩트 투자 연간 보고서에 따르면 2017년 기준으로 전 세계에서 운용되고 있는 임팩트 투자 자산은 1140억 달러(당시 환율 기준 약 123조 원)였고, 당시 기준으로 2020년에는 3500억 달러(약 400조 원)에 이를 것으로 전망했다.

임팩트 투자는 새로운 경제를 일굴 수 있을까? 답은 경제학자의 몫이겠지만 커다란 변화의 동인이 될 거라는 사실은 쉽게 예상할 수 있다. 다시 처음 질문으로 돌아가서 "새로운 경제는 가능할까?"라는 질문에서 실마리를 찾아보자. 기존 경제는 결국 소유를 전제로 한 소비를 동력으로 삼게 마련이다. 집을 사고 차를 사고 냉장고를 사고 옷을 사고 시계를 사고, 유행이 달라지면 집을 바꾸고 차를 바꾸고 냉장고를 바꾸고 옷을 바꾸고 시계를 바꾼다. 아, 물론 스마트폰도 바꿔야 한다. 이 만족과 불만족의 무한 루프는 욕망을 필요로 둔갑시켜 계속 소비하도록 만든다. 이 고리를 끊을 수 있다면, 소유에서 벗어날 수 있다면, 적어도 그 구매 방식이 바뀔 수만 있다면 세상은 조금 방향을 바꿀지도 모른다.

최근 몇 년간 뉴욕거래소나 나스닥에 상장하는 기업들의 면모도 많이 바뀌었다. 최근 기업공개를 성공적으로 해낸 기업들은 공유경제, 환경, 지속 가능한 발전 모델을 공공연히 내세우고 투자자들도 이에 호응한다. 「하버드 비즈니스 리뷰」 등 경제경영 저널들은 사회적 책임에 앞장선 기업들이 실적도 좋다는 점을 실증적으로 밝혀냈다. 논문을 읽을 필요도 없다. 파타고니아·비욘드미트 등 소위 '착한 기업'들의 상업적 성공을 보라.

@UN본부: "용서하지 않겠다"

"용서하지 않겠다."

다소 당돌하게 다가오는 이 말은 2019년 9월 23일 미국 뉴욕 UN본부에서 열린 기후행동 정상회의에서 그레타 툰베리가 내뱉었다.

툰베리는 스웨덴 출신의 16세 환경운동가다. 그렇다. 열여섯 살이다. 밀레니얼은 커녕 Z세대의 초입에 선 툰베리는 이 행사에 참가하기 위해 비행기를 타지 않았다. 이산화탄소 배출량이 가장 많은 운송수단이기 때문이다. 영국 플리머스항에서 태양광 요트를 타고 대서양을 2주간 횡단한 끝에 뉴욕에 도착한 툰베리는 이렇게 말했다.

"생태계가 무너지고 환경이 파괴되어 대규모 멸종이 시작을 앞두고 있는데 당신들은 돈과 경제 성장이라는 이야기만 꾸며내고 있다. 당신들은 우리 세대를 실망시켰다. 우리는 당신들의 배신을 깨달았다. 미래 세대의 눈이 당신들을 향해 있다. 계속 우리를 실망시킨다면 우리는 결코 용서하지 않을 것이다."

툰베리가 환경운동에 나선 건 불과 1년 남짓, 하지만 그가 환경운동의 상징이 된 건 어린 나이 때문이 아니라 실천 때문이다. 툰베리는 이어 칠레에서 열리는 기후변화협약 당사국총회에 참석할 예정이었는데 칠레의 대규모 시위 때문에 장소가 스페인으로 바뀌었다는 소식을 들었다. 툰베리는 SNS로 도움을 요청했고 버지니아에서 배를 타고 스페인을 향하며 SNS로 계속 소식을 전했다.

이런 툰베리를 「타임」지는 2019년 5월에 '차세대 지도자'로 꼽아 표지에 실었고 연말에는 '올해의 인물'로 선정했다. 그뿐인가. 2019년 노벨 평화상 후보로 꼽히기도 했다. 툰베리는 뉴욕의 연설을 이렇게 매듭지었다.

"어떻게 여러분은 지금까지 살아온 방식을 바꾸지 않고 기술적인 해결책만으로 이 문제를 풀 수 있는 척할 수 있습니까? 여러분이 이 책임에서 빠져나가도록 내버려두지 않을 것입니다. 전 세계가 깨어나고 있습니다. 여러분이 좋아하든 아니든, 변화는 오고 있습니다."

반박할 수 없는 소녀의 용감한 발언에 대한 기성세대의 호응이라고 할 만한 기사가 최근에 나왔다. 지난 11월 중순, 프란치스코 교황이 환경을 파괴하거나 나아가 보호하지 않는 행동은 평화에 반하는 죄라며 '생태에 대한 죄악'을 가톨릭 교리에 추가하는 방안을 검토하고 있다고 한 것이다. 11월 15일 로마에서 열린 국제형법학회 총회에서 대기와 토양, 물을 심각하게 오염시키고 동물과 식물을 대규모로 파괴하는 행위를 '생태학살'이라고 지칭하면서 행사에 참석한 형법 전문가들에게 공동체를 보호할 수 있는 방안을 마련해달라고 말했다.

그레타 툰베리는 아직 어리지만 밀레니얼과 그 이후 세대가 추구하는 가치 중심의 사고방식과 직접 실천하며 가치를 공유하려는 성향을 무척이나 압축적이고 인상적으로 보여준다.

　　20세기는 '돌진하는 황소' 같았다. 개발과 성장을 모토로 부의 축적만을 향해 달려왔다. 21세기를 넘어서며 'IT 거품 붕괴와 월스트리트 사태 등 잠시 걸림돌이 있었지만 자본과 산업의 욕구는 멈추지 않고 커지고 있다. 소위 '제4차 산업혁명'은 인공지능과 네트워크 기술의 진보와 함께 가속화하고, 그에 따라 정치·사회·경제·문화의 트렌드는 설국열차의 폭주처럼 빠른 속도로 움직이고 있다.

　　앞으로 미국은, 그리고 세계는 어떻게 될까? 지금까지 그래왔던 것처럼 '보이지 않는 손'에 입각한 자기환류 과정을 통해 다시 제 궤도를 되찾고 안정을 이룰 수 있을까?

작은 맺음말: 선한 것이 강한 것이다

　　이 시점에서 밀레니얼의 부상은 시의적절하며 다행스러운 일이다. 기성세대가 구축해놓은 시스템에 의존하지 않고, 문제에 대해 불평하고

안주하기보다 적극적으로 교육·일자리·주거·음식·패션은 물론이고,
경제·정치 분야에 이르기까지 실질적인 변화를 추구하고 있다.
나아가 기후 변화나 환경 등 기존 세대가 도외시한 인류 전체의
과제까지 고민하는 성숙함을 보여주고 있다. 이들의 궁극적인 지향점은
'선함'이다.

그렇다면 이 변혁의 사회에서 젊은 세대들은 구체적으로 어떻게
대응하는 모습을 보일까? 우리는 뉴욕에서 그 예고편을 보았다.
그 본편은 우리나라, 나아가 전 세계에서 조만간 보게 될 것이다.
어쩌면 밀레니얼보다 한 세대 더 젊은 다음 세대의 움직임을 통해
짐작할 수 있을 것 같다.

'돌진하는 황소'상에서 조금 떨어진 뉴욕거래소 앞에 '두려움 없는
소녀Fealess Girl'상이 있다. 양손을 허리에 올리고 정면을 응시하는
이 소녀상은 남성 중심의 비즈니스 환경과 남녀 불평등 문제를 제기하고
여성의 권익을 진작시키자는 메시지를 전하기 위해 세워진 것이다.
지금은 볼 수 없지만 이 동상 앞에 있던 명패에는 이런 말이 쓰여
있었다고 한다.

여성의 리더십을 깨달아라. 그녀가 변화를 이끈다.

Know the power of women in leadership, SHE makes a difference

이 말을 이렇게 바꿔보는 건 어떨까?

NEWYORK

2017년 3월. 월스트리트를 상징하는 '돌진하는 황소'상 앞에 세워진 '두려움 없는 소녀'상이다.
1주일만 전시되고 사라질 운명이었지만 폭발적인 호응을 얻으면서 전시 기간이 대폭 연장됐다.
특히 딸을 둔 어머니들에게는 사진 찍기 필수 장소.
'두려움 없는 소녀'상이 세워진 뒤로 많은 기업이 여성 임원을 배출했다.
작은 동상이 만들어낸 큰 성과의 시작이라는 평가를 받고 있다.

밀레니얼은 움직이고 있다. 아직은 사회의 막내들이라 그 움직임이 미미해 보이지만, 의미 있는 변화를 끊임없이 모색하고 있다. 이들은 공정함을 당연한 가치로 받아들이고, 스마트폰을 무기 삼아 연대하면 무엇이든 이룰 수 있다는 효능감 높은 세대다. 이들의 비중이 사회와 조직에서 양적·질적으로 커져갈수록 우리 사회는 그만큼 의미 있는 변화를 경험하게 될 것이다.

밀레니얼은 21세기 글로벌 변화의 세로운 동력이자 엔진이다. 우리가 뉴욕에서 본 것은 어쩌면 그 작은 전조인지도 모른다. 이러한 메가트렌드의 변화에 대응하기 위해 정부와 기업, 그리고 기성세대가 되새겨야 할 새로운 명제가 있다.

선한 것이 강한 것이다.

　책의 초고를 마치고 '에필로그'라는 이름의 파일을 만드니,
두 번에 걸친 뉴욕 취재의 강행군을 마치고 인천으로 돌아오는 비행기에
몸을 맡기던 순간과 비슷한 느낌이 든다.

　지난 12년간 『트렌드 코리아』를 집필하며 우리나라에서 관찰했던
여러 트렌드의 시원始原을 본 느낌. 이것저것 다양한 경험의 기억 조각이
다시 이리저리 흩어지는 느낌. 누군가 기억은 잘 편집된 기록영화가
아니라 땅바닥에 쏟아져버린 폴라로이드 사진들 같은 것이라고 했던가?
여전히 산만한 기억의 편린들이 무질서하게 흩어져 있지만, 뉴욕에 대한
인상은 참으로 강렬하다.

　파리가 18세기의 도시였고, 런던이 19세기의 도시였다면,
뉴욕은 의심할 여지 없는 20세기의 도시다. 상상 이상의 화려함과 가능성으로
가득한 곳. 꿈꾸기만 했던 놀라운 기술로 무장한 공인된 기회의 중심지.

뉴욕은 멋진 곳이었다. 그런데 개인적으로 나는 미국을 좋아하는 편이
아니었다. 박사과정 공부할 때 LA에서 5년, 연구교수할 때
인디애나 주에서 1년 정도 미국 생활을 한 경험이 있지만, 뭔가 깊이
없는 문화적 경박함이나 동양인을 바라보는 미묘한 차별적 시선이 불편한
적이 많았다. 하지만 뉴욕은 달랐다. 그런 문제가 없었다기보다는,
다른 매력들이 미국에 대한 불만을 모두 상쇄하고 남았다. 모든 것이
살아 움직이는 그 활기찬 생태계 속에서 이방인인 나마저도 살아 있다는
열기를 강하게 느끼게 했다. 나를 움직였던 그 강렬했던 느낌과 날이 선
영감들이 독자 여러분께도 잘 전달됐으면 좋겠다.

　이 책은 기본적으로 뉴욕, 밀레니얼, 그리고 트렌드에 관한 책이다.
이 세 화두를 제대로 이해하려면 반드시 필요한 것이 있다.
바로 '공감'이다.

　"뉴욕에서는 그런가 보지, 뭐……"

　"저 젊은 친구는 왜 저래?"

　"몰라, 이게 트렌드라니까 따라가야지."

　이런 식의 방관자적인 관찰 혹은 자기중심적인 평가로는 통찰을
얻을 수 없다. 다음과 같이 물을 때, 비로소 우리는 영감의 근거를 찾을
수 있다.

"뉴욕은 어떻게 해서 저런 도시를 갖게 됐을까? 우리 현실에는 무엇을 적용하면 좋을까?"

"저 젊은 친구가 저렇게 행동할 수밖에 없는 합리적인 이유는 무엇일까? 그렇다면 그들을 어떻게 받아들여야 할까?"

"이 트렌드는 왜 발생하게 됐을까? 그렇다면 우리 비즈니스에는 어떤 점을 적용할 수 있을까?"

해외여행 연간 3000만 명 시대를 맞았다. 전 세계 어느 곳에서든 한국말이 들리지 않는 곳이 없다. 최근 여행의 트렌드는 그저 해당 지역의 랜드마크에서 사진만 찍고 돌아오는 '관광'이 아니라, 현지인처럼 살아보고 삶과 비즈니스의 통찰을 구하는 '체험'이다. 경험을 통해 영감을 구하는 이들이 많아지고 있다는 증거일 것이다.

부디 이 책이 최근 글로벌 밀레니얼 트렌드에 대한 이해를 돕고, 뉴욕 여행자들에게 트렌드라는 새로운 시각을 보태는 데 작은 도움이 되기를 희망한다.

* * *

탈고를 코앞에 둔 지금, 나의 마음은 이미 상하이에 가 있다. 한때 '죽竹의 장막 안에서 잠자던 호랑이' 중국이 이제 다시 일어나 미국과 힘을 견주는 당당한 G2가 됐다.

중국의 수도는 베이징이지만 트렌드의 중심지는 상하이다.

과거—현재—미래가 함께 뒤섞여 있는 상하이의 최근 트렌드는 뉴욕과는 또 결이 다르다. 첨단기술로 무장하면서 우리가 상상하지 못하는 일들을 아무렇지도 않게 경험하고 있다.

공유되지 않는 것을 찾는 것이 빠를 정도로 다양한 물품과 서비스를 다양한 방식으로 공유하고 있다. 엄청난 규모의 인구를 바탕으로 작은 니치niche 마켓조차 다른 나라 매스mass 마켓보다 큰 시장 규모를 자랑하고 있다. 상하이는 이미 글로벌 트렌드의 최전선이다.

이 책이 즐거운 뉴욕 여행이었던 독자분들을 다시 상하이에서 만날 수 있기를 희망한다.

『뉴욕오감』, 용호성 지음(2010, 삼성출판사)

『NEW YORK』, 박성희 지음(2018, 어반북스)

『도시는 무엇으로 사는가』, 유현준 지음(2015, 을유문화사)

『트렌드코리아 2019』, 김난도 외 지음(2018, 미래의창)

『있는 그대로의 미국사』 1·2·3, 앨런 브링클리 지음, 손세호, 이영효, 김덕호, 김연진, 조지형, 황혜성 옮김
    (2011, 휴머니스트)

『하이라인 스토리』, 조슈아 데이비드, 로버트 해먼드 지음, 정지호 옮김(2014, 푸른숲)

『뉴욕, 런던, 서울의 도시 재생 이야기』, 도시재생네트워크 지음(2009, 픽셀하우스)

『리얼:하다』, 조승연 지음(2009, 와이즈베리)

The Historical Atlas of New York City, A Visual Celebration of 400 Years of New York City's
    History (Third Edition), Eric Homberger 지음

http://skyscraperpage.com

https://www.nycgovparks.org